避开驾驶雷区

守住驾照12分

藏耀帅 \ 编著

中国电力出版社
CHINA ELECTRIC POWER PRESS

内 容 提 要

开车违反交通安全规则，重则出现各种安全事故，轻则罚款扣分。为了让驾驶员避免不熟悉交规而犯错，我们编撰了《避开驾驶雷区——守住驾照12分》一书，以提醒大家规范驾驶汽车，不被记分罚款。本书详细解读了机动车驾驶人的违法记分细则和预防违法记分的安全驾驶技术，列出交通违法行为处置方法和法律依据，以及防止被记分的各种安全文明驾驶技巧。

本书语言简洁言，解读详细，通俗易懂，是汽车驾驶人提高安全文明驾驶技巧和防止被记分、罚款的红宝书。

图书在版编目（CIP）数据

避开驾驶雷区：守住驾照 12 分 / 藏耀帅编著．—北京：中国电力出版社，2019.6

ISBN 978-7-5198-3142-4

Ⅰ．①避… Ⅱ．①藏… Ⅲ．①机动车—交通运输管理—法规—基本知识—中国②汽车驾驶—安全技术—基本知识 Ⅳ．① D922.14 ② U471.15

中国版本图书馆 CIP 数据核字（2019）第 085311 号

出版发行：中国电力出版社
地　　址：北京市东城区北京站西街 19 号（邮政编码 100005）
网　　址：http://www.cepp.sgcc.com.cn
责任编辑：马首鳌　（010-63412396）
责任校对：黄　蓓　马　宁
装帧设计：王红柳
责任印制：杨晓东

印　　刷：北京天宇星印刷厂
版　　次：2019 年 6 月第一版
印　　次：2019 年 6 月北京第一次印刷
开　　本：880 毫米 ×1230 毫米　32 开本
印　　张：5.75
字　　数：92 千字
印　　数：0001— 3000 册
定　　价：29.00 元

前言

Preface

　　交通违章，是指机动车、非机动车驾驶人或行人，违反道路交通安全法规、交通管理及影响交通路况的行为。在一些司机眼里，开车违章就是记分罚款的事。其实，司机的一次违章，就是在经历一场危及生命的冒险。因为驾驶人违反交通安全规则，危险就在所难免，所以说，开车守规则，保证自己不被记分罚款，才能真正保证自己的行车安全。

　　2013 年，为了强化交通安全意识，减少交通事故的发生，我国出台了被称为"历史上最严"的新交规，给出行带来很大不便。面对严格的违法记分规定，很多人无所适从。

　　为了让驾驶人熟悉新交规，避免不懂交规而犯错，我们编撰了《避开驾驶雷区——守住驾照 12 分》一书，让那些开车大意的司机们改掉驾驶坏习惯，规范自己的安全驾驶技术，不被记分罚款。

　　本书详细解读了机动车驾驶人的违法记分细则和预防违法记分的安全驾驶技术，列出交通违法行为处置方法和法律依据。以简洁的语言，详细解读交通法规的记分细则，以及防止被记分的各种安全文明驾驶技巧，力求内容新颖，通俗易懂，细致入微，实用性超强，是汽车驾驶人提高安全文明驾驶技巧和防止被记分、罚款的良师益友。

编　者

目录 *Contents*

第1章
第2章
第3章
第4章
第5章
第6章
第7章

第1章

法规雷区：司机一定要遵守这些

在这个法治社会，衣、食、住、行无处不有法律法规的身影，知法守法是每一个公民的权利和义务。在交通出行方面，机动车驾驶人需要知道《中华人民共和国道路交通安全法》《民政内务法》和新交规等多项知识。面对众多条款，我们至少要对涉及自身安全的条目做到心中有数，不做事到临头时的"冤大头"。这里，我们以C1型驾驶证为主，为读者普及常见但又容易忽略的交通法律法规。

一、驾驶人证件使用规定

1. 换驾驶证：注意 6 年有效期

一般来说，机动车驾驶证的有效期分 6 年、10 年、长期有效三种。

首次取得的驾驶证有效期为 6 年，每个记分周期均未记满 12 分的，驾驶人可换取 10 年有效期的机动车驾驶证；在机动车驾驶证的 10 年有效期内，每个记分周期均未记满 12 分的，换取长期有效的机动车驾驶证。

驾驶人在机动车驾驶证有效期满前 90 日内，向机动车驾驶证核发地车辆管理所申请换证。在车辆管理所管辖区域内，机动车驾驶证记载的机动车驾驶人信息发生变化的、机动车驾驶证损毁无法辨认的，要在 30 日内到机动车驾驶证核发地车辆管理所申请换证。

驾驶人户籍迁出原车辆管理所管辖区的，要向迁入地车辆管理所申请换证。驾驶人在驾驶证核发地车辆管理所管辖区以外居住的，向居住地车辆管理所申请换证。

2. 补驾驶证：原驾驶证不得继续使用

机动车驾驶证遗失后，机动车驾驶人要携带身份证向机动车驾驶证核发地车辆管理所申请补发。符合规定的，车辆管理所在 1 日内补发机动车驾驶证。机动车驾驶人补领机动车驾驶证后，原机动车驾驶证作废，不得继续使用。机动车驾驶证被依法扣押、扣留或者暂扣期间，机动车驾驶人不得申请补发。

3. 实习期：不能随意驾驶车辆

驾驶人初次申领机动车驾驶证和增加准驾车型后的 12 个月为实习期。在实习期内驾驶机动车时，车身后部要粘贴或者悬挂统一式样的实习标志。

机动车驾驶人在实习期内不准驾驶公共汽车、营运客车或者执行任务的警车、消防车、救护车、工程救险车以及载有爆炸物品、易燃易爆化学物品、剧毒或者放射性等危险物品的机动车；驾驶的机动车不准牵引挂车。

驾驶人在实习期内驾驶机动车上高速公路行驶，要由持相应或者更高准驾车型驾驶证 3 年以上的驾驶人陪同。增加准驾车型后的实习期内，驾驶原准驾车型的机动车上高速公路行驶不受限制。

机动车驾驶人在实习期内有记满 12 分记录的，注销其实习的准驾车型驾驶资格。被注销的驾驶资格不属于最高准驾车型的，还应当按照规定注销其最高准驾车型驾驶资格。

4. 驾驶证审验：定期接受审验

机动车驾驶人应当按照法律、行政法规的规定，定期到公安机关交通管理部门接受审验。机动车驾驶证审验的内容包括：

（1）道路交通安全违法行为、交通事故处理情况。

（2）驾驶人身体条件情况。

（3）道路交通安全违法行为记分及记满 12 分后参加学习和考试的情况。

年龄在 60 周岁以上的机动车驾驶人，应当每年进行一次身体检查，在记分周期结束后 30 日内，提交县级或者部队团级以上医疗机构出具的有关身体条件的证明。

机动车驾驶人因服兵役、出国（境）等原因，无法在规定时间内办理驾驶证期满换证、审验、提交身体条件证明的，可以向机动车驾驶证核发地车辆管理所申请延期办理。延期期限最长不超过 3 年。延期期间，机动车驾驶人不得驾驶机动车。

二、道路通行规定

1. 通行原则：靠右侧驾驶

右侧通行是指机动车、非机动车在道路上行驶时，如道路上划设有中心线、中心隔离设施的，以中心线、中心隔离设施为界；未划设中心线、中心隔离设施的，一律靠道路右侧行驶。

2. 车辆和行人：分道通行

按照道路交通安全法规规定，在道路上不同的空间内通行，是车辆和行人共同遵守的通行原则，也是交通法规赋予交通参与者在道路上的通行权利。

车辆和行人应遵守下列规定：

（1）道路划分为机动车道、非机动车道和人行道的，机动车、非机动车、行人实行分道通行。

（2）没有划分机动车道、非机动车道和人行道的，机动车在道路中间通行，非机动车和行人在道路两侧通行。

（3）道路划有专用车道的，只准许规定的车辆通行，其他车辆不得进入专用车道内行驶。

（4）在同方向划有两条以上机动车道的道路上，左侧为快速车道，右侧为慢速车道。

3. 优先通行原则：遵守礼让，安全第一

优先通行的原则表现为时间上的先后，指车辆或行人在道路上相遇时，依据道路交通安全法规规定的其中一方优先通过，另一方应当依法履行让行的义务，在其后通行。

安全通行是道路交通管理的总原则，任何情况下都是安全第一。所以，在驾驶车辆时，有违背安全的行为都是违规行为。

4. 灯光：照明和警示

灯光有两大基本功能：照明和警示。道路通行规定对灯光的使用有规定，具体如下：

（1）驾驶机动车向左转弯、向左变更车道、准备超车、驶离停车地点或者调头时，提前开启左转向灯。

（2）驾驶机动车向右转弯、向右变更车道、超车完毕驶回原车道、靠路边停车时，提前开启右转向灯。

（3）驾驶机动车在雨、雪、沙尘、冰雹等低能见度情况下行驶时，开启前照灯、示廓灯和后位灯，但同方向行驶的后车与前车近距离行驶时，不得使用远光灯。

（4）驾驶机动车雾天行驶时，开启雾灯、危险报警闪光灯、前照灯、示廓灯和后位灯，但同方向行驶的后车与前车近距离行驶时，不得使用远光灯。

（5）夜间驾驶机动车在没有路灯、照明不良的情况下行驶时，开启远光灯、示廓灯和后位灯，但同方向行驶的后车与前车近距离行驶时，不得使用远光灯。

（6）夜间驾驶机动车在通过急弯、坡路、拱桥、人行横道、在没有交通信号灯控制的路口或者超车时，要交替使用远近光灯示意；在窄路、窄桥会车或遇行人、非机动车时，使用近光灯。

5. 有交通信号控制的路口：按"号"而行

在有交通信号控制的路口，一定要按照交通信号的指示来驾驶车辆通过路口。具体规定如下：

（1）在划有导向车道的路口，按所需行进方向驶入导向车道。

（2）机动车通过环形路口，应当按照导向箭头所示方向行驶。进环形路口的机动车，应当让已在路口内环行或者出环行路口的机动车先行。

（3）向左转弯时，靠路口中心点左侧转弯。转弯时开启转向灯，夜间行驶时应开启近光灯。

（4）向右转弯遇有同车道前车正在等候放行信号时，依次停车等候。

（5）遇放行信号时，依次通行。

（6）遇停止信号时，依次停在停止线以外。没有停止线的，停在路口以外。

6. 无交通信号控制的路口：看清路况，有序通行

通过没有交通信号灯控制，也没有交通警察指挥的交叉路口时，应减速慢行，并让行人和优先通行的车辆先行。

（1）有交通标志、标线控制的，让优先通行的一方先行。

（2）没有交通标志、标线控制的，在进入路口前停车瞭望，让右方道路的来车先行。

（3）转弯的机动车让直行的车辆先行。

（4）相对方向行驶的右转弯的机动车让左转弯的车辆先行。

（5）在没有方向指示信号灯的交叉路口，转弯的机动车让直行的车辆、行人先行。相对方向行驶的，右转弯机动车让左转弯车辆先行。

7. 限速通行：保持安全车速行驶

驾驶机动车上道路行驶，不得超过限速标志、标线标明的速度。在没有限速标志、标线的路段，保持安全车速行驶。车速超过规定时速50%的，处200元以上2000元以下罚款，并处吊销机动车驾驶证。

（1）驾驶机动车在没有限速标志、标线和道路中心线的道路上行驶时，城市道路最高速度为每小时30公里，公路最高速度为每小时40公里。

（2）驾驶机动车在没有限速标志、标线，且同方向只有一条机动车道的道路上行驶时，城市道路最高速度为每小时50公里，公路最高速度为每小时70公里。

（3）驾驶机动车进出非机动车道，通过铁路道口、急弯路、窄路、窄桥，在冰雪、泥泞的道路上行驶，调头、转弯、下陡坡，最高行驶速度均不得超过每小时30公里。

（4）驾驶机动车遇雾、雨、雪、沙尘、冰雹、结冰天气时，要降低行驶速度，能见度在50米以内时，最高行驶速度不得超过每小时30公里。

8. 变更车道：不能影响其他车辆正常行驶

机动车在变道时有如下规定：

（1）驾驶机动车在道路上变更车道时，不能影响其他车辆正常行驶。在道路同方向划有2条以上机动车道的路段，变更车道的机动车不得影响相关车道内行驶的机动车的正常行驶。

（2）遇交通警察发出变道手势信号时，要及时按照交通警察的手势方向来变更车道，减速驶入交通警察指定的车道。遇交通信号灯和交通警察指挥不一致时，要按照交通警察指挥的手势来通行。

9. 超车：看路、开灯、鸣喇叭

驾驶机动车超车时，应当提前开启左转向灯，变换使用远、近光灯或者鸣喇叭。在没有道路中心线或者同方向只有一条机动车道的道路上，前车遇后车发出超车信号时，在条件许可的情况下，应降低速度、靠右让路。后车应在确认有充足的安全距离后，从前车的左侧超越，在与被超车辆拉开必要的安全距离后，开启右转向灯，驶回原车道。

同车道行驶的机动车，后车应与前车保持足以采取紧急制动措施的安全距离。有下列情形之一的，不得超车：

（1）前车正在左转弯、调头、超车的。

（2）与对面来车有会车可能的。

（3）前车为执行紧急任务的警车、消防车、救护车、工程救险车的。

（4）行经铁路道口、交叉路口、窄桥、弯道、陡坡、隧道、人行横道、市区交通流量大的路段的。

10. 会车：尽量减速、靠右走

机动车在会车时，有如下规定：

（1）驾驶机动车在没有中心隔离设施或者没有中心线的道路上，遇相对方向来车时，要减速靠右行驶，并与其他车辆、行人保持必要的安全距离。

（2）驾驶机动车在有障碍的路段遇对面来车时，有障碍一方让无障碍的一方先行；但有障碍的一方已驶入障碍路段而无障碍的一方未驶入时，有障碍的一方先行。

（3）驾驶机动车在狭窄的坡路遇对面来车时，上坡的一方先行；但下坡的一方已行至中途而上坡的一方未上坡时，下坡的一方先行；在没有道路中心线的狭窄山路会车，不靠山体的一方先行。

（4）驾驶机动车夜间遇对面来车时，在距相对方向来车150米以外改用近光灯；在窄路、窄桥与非机动车会车时，使用近光灯。

11. 铁路道口通行：小心通行

机动车通过铁路道口时，应当按照交通信号（遇有两个红灯交替闪烁或者一个红灯亮时，禁止车辆、行人通行；红灯熄灭时，允许通行）或者管理人员的指挥来通行。

没有交通信号或者管理人员的，应当减速或者停车，在确认安全后通过。机动车载运超限物品行经铁路道口的，应当按照当地铁路部门指定的铁路道口、时间通过。

12. 缓慢、拥堵路段通行有规定：慢行还要讲秩序

缓慢、拥堵路段通行时，有以下规定：

（1）驾驶机动车在车道减少的路段，遇有前方机动车停车排队等候或者缓慢行驶时，要每车道一辆依次交替驶入车道减少的路段。

(2) 驾驶机动车遇有前方车辆停车排队等候或者缓慢行驶时，要依次排队行驶，不得从前方车辆两侧穿插或者超越行驶，不得借道超车、占用对面车道、穿插等候的车辆。

(3) 驾驶机动车遇有前方交叉路口对面交通阻塞时，依次停在路口外等候。不得在人行横道、网状线区域内停车等候。

13. 人行横道通行：一切以行人为先

机动车行经人行横道时，应减速慢行；遇行人正在通过人行横道时，应当停车让行。机动车行经没有交通信号的道路，遇行人横过道路时，应避让。

14. 倒车：记住"七不倒"

机动车倒车时，应当察明车后情况，确认安全后方可倒车。在视线不好的情况下应有人引导。不得在铁路道口、交叉路口、单行路、桥梁、急弯、陡坡或者隧道中倒车。

15. 调头：危险系数最大

机动车在有禁止调头或者禁止左转弯标志、标线的地点以及在铁路道口、人行横道、桥梁、急弯、陡坡、隧道或者容易发生危险的路段，不得调头。

机动车在有调头标志、标线或者未设置禁止左转弯、禁止调头标志、标线的路口、路段，可以调头。调头时，应当提前进入导向车道或者在距调头地点 50~150 米处驶入最左侧车道，并不得妨碍行人和其他车辆正常通行。

三、驾驶行为的法律约束

1. 安全责任：车辆要有上路资格

驾驶机动车上道路行驶前，驾驶人要对机动车的安全技术性能进行认真检查，不得驾驶安全设施不全，或者机件不符合技术标准等具有安全隐患的机动车。

驾驶拼装的机动车或者已达到报废标准的机动车上道路行驶的，公安机关交通管理部门应当予以收缴，强制报废。驾驶拼装机动车上路行驶的，处 200 元以上 2000 元以下罚款，并吊销机动车驾驶证。

2. 行为要求：按照规定驾驶车辆

驾驶机动车上道路行驶，要按规定悬挂号牌，放置检验合格标志、保险标志，随车携带机动车行驶证。机动车号牌要按照规定悬挂并保持清晰、完整，不得故意遮挡、污损。

饮酒、服用国家管制的精神药品或者麻醉药品，或者患有妨碍安全驾驶机动车的疾病，或者过度疲劳影响安全驾驶的，不得驾驶机动车。

驾驶机动车时，不得有下列禁止行为：

（1）在车门、车厢没有关好时行车。

（2）在机动车驾驶室的前后窗范围内悬挂、放置妨碍驾驶人视线的物品。

（3）拨打接听手持电话、观看电视等妨碍安全驾驶的行为。

（4）下陡坡时熄火或者空挡滑行。

（5）向道路上抛撒物品。

（6）连续驾驶机动车超过 4 小时未停车休息或者停车休息时间少于 20 分钟。

（7）在禁止鸣喇叭的区域或者路段鸣喇叭。

3. 机动车的停放：停放车辆要规矩

机动车应当在停车场或者交通标志、标线规定的道路停车泊位内停放。

在施划停车泊位的地点停放时，按顺行方向停放，车身不得超出停车泊位，并关闭电路，拉紧驻车制动器操纵杆、锁好车门。

借道进出停车场或者道路停车泊位的，不得妨碍其他车辆或者行人正常通行。

禁止在人行道上停放机动车。

4. 临时停车：人不离车

在道路上临时停车时，不得影响其他车辆和行人通行，并遵守下列规定：

（1）车身右侧紧靠道路边缘，不得超过 30 厘米，同时开启危险报警闪光灯。

（2）在设有禁停标志、标线的路段，在机动车道与非机动车道、人行道之间设有隔离设施的路段以及人行横道、施工地段，不得停车。

（3）交叉路口、铁路道口、急弯路、宽度不足 4 米的窄路、桥梁、陡坡、隧道以及距离上述地点 50 米以内的路段，不得停车。

（4）公共汽车站、急救站、加油站、消防栓或者消防队（站）门前以及距离上述地点 30 米以内的路段，除使用上述设施的机动车外，不得停车。

（5）车辆没有停稳前，不得开车门和上下乘员，开关车门时不得妨碍其他车辆和行人通行。

（6）路边停车时应当紧靠道路右侧，机动车驾驶人不得离车，上下人员或者装卸物品后，立即驶离。

（7）城市公共汽车不得在站点以外的路段停车上下乘客。

（8）夜间或者遇风、雨、雪、雾等低能见度气象条件时，开启示廓灯、后位灯、雾灯。

5. 避让特种车辆、道路养护作业车辆：有义务让他们先行

特种车辆是指警车、消防车、救护车、工程救险车。特种车辆在执行紧急任务时享有优先通行权，在确保安全的前提条件下，不受行驶路线、行驶方向、行驶速度和交通信号灯的限制，其他车辆和行人应当及时让行。

驾驶机动车遇到正在作业的道路养护车辆、工程作业车时，要注意避让。

6. 行驶速度：好车也不能太快

驾驶机动车在高速公路行驶时，最高车速不得超过每小时 120

公里，最低车速不得低于每小时 60 公里。当限速标志标明的车速与车道行驶速度的规定不一致时，要按照限速标志标明的车速行驶。

驾驶机动车在同方向有 2 条车道的高速公路左侧车道行驶时，车速不能低于每小时 100 公里。

驾驶机动车在同方向有 3 条以上车道的高速公路最左侧车道行驶时，车速不能低于每小时 110 公里；在中间车道行驶时，车速不能低于每小时 90 公里。

驾驶机动车在高速公路遇雾、雨、雪、沙尘、冰雹天气，能见度小于 200 米时，车速不得超过每小时 60 公里；能见度小于 100 米时，车速不得超过每小时 40 公里；能见度小于 50 米时，车速不得超过每小时 20 公里，并尽快从最近的出口驶离高速公路。

7. 跟车距离：距离产生美

驾驶机动车在高速公路上行驶，车速超过每小时 100 公里时，与同车道前车保持 100 米以上的距离；车速低于每小时 100 公里时，与同车道前车距离可以适当缩短，但最小距离不得少于 50 米。

驾驶机动车在高速公路遇雾、雨、雪、沙尘、冰雹天气，能见度小于 200 米时，与同车道前车保持 100 米以上的距离；能见度小于 100 米时，与同车道前车保持 50 米以上的距离。

第2章

"车、证"雷区：犯这些千万别开车上路

老老实实按交通规则行驶是否就不会出现违法行为呢？答案是否定的。开车上路前，我们需要知道驾驶人及机动车是否"够资格"上路。您及您的爱车上路前"够资格"吗？赶紧跟着小编来看看吧。

一、驾驶人驾车必有的资格和条件

1. 没有取得驾驶证，驾车等于犯罪

没有考取驾照的人驾车，属于违法行为，不仅要按照情节处以 200～2000 元的罚款，还可以并处 15 日以下拘留。

值得注意的是吊销期驾车，吊销是指依法取得驾驶证后，出现法定事由被依法吊销的情形，比如重特大交通事故当中承担一半以上责任者按规定应当吊销驾驶证，这个时期驾驶车辆，处罚等同于"无照驾驶"。

违规处罚

① **记分：** 0分。

② **罚款：** 200 ～ 2000 元。

③ **其他：** 当事人可以并处 15 日以下拘留。

违规危害指数

★★★★★

2. 驾驶证没有随身带，开车会被罚

驾驶车辆时，驾驶证没有随身带有以下几种情况：①忘记随身携带；②驾驶证暂扣；③驾驶证被扣；④驾驶证丢失。

如在这个时期驾车，被交警发现，一定会被罚款记分的，只是各个标准不一样。未随车携带驾驶证的，按照规定，记 1 分，罚 50 元，同时扣车。记 1 分罚 50 元可能是小事，但会给驾驶人带来麻烦：交警会扣下车辆，让驾驶人带证取车，取车时不能出示驾驶证的，就会按照无照驾驶处理。

当驾驶人员提供驾驶证之后，还要根据情况来进行判断，如果没有任何违法行为，那么给予警告或者是 20 ～ 200 元之间的罚款，将机动车辆归还给驾驶人员；但是如果在行驶过程中出现违法，比如超车、闯红灯以及酒后驾驶等，根据其违法的情况以及没有随身携带驾驶证一起处罚，当然机动车是会归还的。

违规处罚

① 记分：**1 分**。

② 罚款：**50 元**。

③ 其他：可能会对车辆进行暂扣。

违规危害指数

★ ☆ ☆ ☆ ☆

3. 持什么驾驶证，驾驶什么类型的车

有驾照并随身携带就一定能驾驶车辆吗？告诉你，不一定！因为不同类型的驾照的准驾车型不同，对于大多数人来说，持有的是 C1 照，持有 C1 驾驶证准驾的车辆为：小型、微型载客汽车以及轻型、微型载货汽车，轻、小、微型专项作业车。其他车型不得驾驶。

违规处罚

① 记分：**12 分**。

② 罚款：**200 ~ 2000 元**。

③ 其他：可能会对车辆实行暂扣。

第1章
第2章
第3章
第4章
第5章
第6章
第7章

违规危害指数

★ ★ ★ ★ ★

4. 驾驶证损毁无法辨认时不能驾车

驾驶人的驾驶证损毁后不得驾驶机动车，否则将依法受到处罚。机动车驾驶证遗失、损毁无法辨认时，机动车驾驶人应当向机动车驾驶证核发地车辆管理所申请补发。

违规处罚

① **记分：** **0 分**。

② **罚款：** **100 元**。

③ **其他：** 无。

违规危害指数

★ ★ ★ ★ ☆

5. 驾驶证不能逾期未审验和过有效期

根据规定：A1、A2、A3、B1、B2 驾驶证，除 2 年提供身体体检信息外，还需要每年进行一次驾驶证审核。C1 驾驶证在 6 年有效期内不用年审。6 年有效期满换证：机动车驾驶人应当于机动车驾驶证有效期满前 90 日内，向机动车驾驶证核发地车辆管理所申请换证。

超过机动车驾驶证有效期一年以上未换证的，注销机动车驾驶证。逾期未审验，即超过最后审验期限还不满一年。要注意的是，逾期满一年未审验驾驶证，驾驶证就会被注销，这时再驾车，就属于无证驾驶了。

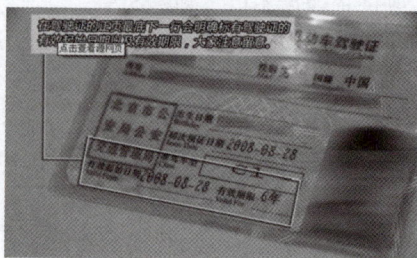

违规处罚

① **记分：** 0 分。

② **罚款：** 100 元。

③ **其他：** 可能会遭遇无证驾驶同样的处罚。

违规危害指数

★★☆☆☆

6. 不要用欺骗、贿赂的方式取得驾驶证

隐瞒有关情况或者提供虚假材料申领机动车驾驶证的，申请人在一年内不得再次申领机动车驾驶证。

申请人在考试过程中有贿赂、舞弊行为的，取消考试资格，已经通过考试的其他科目成绩无效；申请人在一年内不得再次申领机动车驾驶证。

申请人以欺骗、贿赂等不正当手段取得机动车驾驶证的，公安机关交通管理部门收缴机动车驾驶证，撤销机动车驾驶许可；申请人在 3 年内不得再次申领机动车驾驶证。

违规词处罚

① **记分：** **0** 分。

② **罚款：** **0** 元。

③ **其他：** 撤销所获得的驾驶许可，3 年内不得申请机动车驾驶证。

违规危害指数

★★★★☆

7. 不能使用伪造、变造的驾驶证

伪造、变造驾驶证是一种严重的交通违法行为。2011 年 4 月 22 日全国人大常委会关于修改《中华人民共和国道路交通安全法》的决定，对伪造、变造驾驶证的违法行为加重了处罚力度。

伪造和变造的区别是：变造通常从一定真实的材料脱胎而来，如将张三的驾驶证变造成李四的驾驶证，如将张三已过期的驾驶证变造成合法有效的驾驶证。而伪造不受此限制。

违规处罚

① **记分：** 0 分。

② **罚款：** 2000 ~ 5000 元。

③ **其他：** 收缴或暂扣相关车辆，对当事人处 15 日以下拘留。

违规危害指数

★ ★ ★ ★ ★

8. 服用管制精神药、麻醉药品后不能驾车

服用国家管制的精神药品或麻醉药品（2007 年我国公布了麻醉药品和精神药品品种目录），不能继续驾驶机动车辆。"毒驾"是指未戒毒瘾的患者和正在使用毒品的驾驶员驾驶机动车的行为。但刑法未对"毒驾"的法律责任做出明确的规定。

主人，喝我不能开车，吃他也不能开车呀！

违规处罚

① **记分：** 0 分。

② **罚款：** 200 元。

③ **其他：** 可以将涉驾车辆拖移。

第1章

第2章

第3章

第4章

第5章

第6章

第7章

违规危害指数

★★★★★

9. 患有妨碍安全驾驶的疾病不能驾车

患有青光眼，神经过敏、神经痛需要服用精神药品的，长期头晕、耳鸣需要麻醉药品解决的等，这些都是属于妨碍安全驾驶机动车的疾病，但是好多这类人仍然驾驶机动车。根据"道路交通安全法"规定：只要患有妨碍安全驾驶机动车的疾病，不得驾驶机动车！违章者将被吊销机动车驾驶证，视情节严重程度将并处拘留或刑事处罚。

违规处罚

① **记分：** 0 分。

② **罚款：** 200 元。

③ **其他：** 可以将涉驾车辆拖移。

违规危害指数

★★★★★

10. 地球人都知道：酒后一定不能驾车

酒后驾车，根据饮酒量的不同，分为饮酒后驾车、醉酒后驾车两种。

不过，酒后驾驶、醉酒驾驶可不是根据行为人的意识状态来区分，而是根据血液中的酒精含量来确定的：车辆驾驶人员血液中的酒精含量大于或等于 20mg/100mL，小于 80mg/100mL 的，属于酒驾；血液中的酒精含量大于或等于 80mg/100mL 的，属于醉驾。

违规处罚

① **记分：** 12 分。

② **罚款：** 1000 ~ 2000 元。

③ **其他：** 暂扣 6 个月机动车驾驶证。

违规危害指数

★★★★★

11. 酒后再次驾车，"罪加一等"

对酒驾的处罚是有累加的，具体体现在对因饮酒后驾驶机动车而被处罚，再次饮酒后驾驶机动车的处罚比酒驾更加严厉。所以，杜绝饮酒后驾车是每个驾驶员应该做到的。

一般来说，开车前喝一口啤酒或者舔一下白酒就算酒驾了；如果比较口渴一连喝了两杯啤酒或者抿了一口白酒，就是醉驾了。酒精在体内的代谢存在人体代谢半衰期，就是喝酒后 3 个小时左右，体内酒精含量下降一半，6 个小时后可能又下降余下的一半，依此类推。

违规处罚

① **记分：** **0 分**。

② **罚款：** **1000 元**。

③ **其他：** 扣当事人驾驶证，还可以并处 10 日以下拘留和吊销驾驶证的处罚。

违规危害指数

★★★★★

12. 违规借车给他人，你也要担责

借车是驾驶人常遇到的事，但如果违规借车给他人，也是要担责的。驾驶人要注意，不能将车借给这样三类人驾驶：一是未获驾证的人；二是驾驶证被暂扣的人；三是驾驶证被吊销的人。所以，在借车前一定要核实借车人有没有驾驶资格。

借车，&^%$#@!~……

违规处罚

① **记分：** 0 分。

② **罚款：** 200 ～ 1000 元。

③ **其他：** 吊销当事人驾驶证等。

违规危害指数

★ ★ ☆ ☆ ☆

13. 记分周期内满 12 分后不得再驾车

违章记分周期从机动车驾驶员初次领取机动车驾驶证之日起累加计算。一个记分周期期满后，记分分值累加未达到 12 分的，该周期内的记分分值予以消除，不转入下一个记分周期。

在一个记分周期内累积记分达到 12 分的，不得再驾驶机动车。驾驶员不知道自己驾照被记满 12 分的可能也是存在的，但这不能作为逃避受罚的理由，只要被交警查到就会受到处罚的，罚款扣车在所难免了。所以，驾驶人要注意驾驶证的记分情况。

在一个记分周期内累积记分达到 12 分的，不仅机动车驾驶证要被公安机关依法扣留，还要拿着记满 12 分参加学习考试的通知书，进行为期 7 天的道路交通安全法律、法规和相关知识学习并要参加考试。考试不合格的，要继续学习直到考试合格。

记分达到12分拒不参加学习也不接受考试的，停止使用驾驶证。

违规处罚

① **记分：** 0 分。

② **罚款：** 0 元。

③ **其他：** 扣当事人驾驶证。

违规危害指数

★★★☆☆

二、车辆证牌标识和手续清楚齐备

1. 开车上路，一定要带行驶证

机动车行驶证是准予机动车在我国境内道路上行驶的法定证件。行驶证由证夹、主页、副页三部分组成。其中：主页正面是已签注的证芯，背面是机动车相片，并用塑封套塑封。副页是已签注的证芯。

未随车携带行驶证，和没有携带驾驶证的处罚是一样的。无论驾驶人在行驶过程中是否出现违规的现象，只要没有携带行驶证，那么一律不允许再驾驶车辆，也不允许坐在驾驶座上，交通管理部门还会扣下机动车，通知其提供行驶证。

违规处罚

① **记分：** 1 分。

② **罚款：** 50 元。

③ **其他：** 可能暂扣车辆。

违规危害指数

★★☆☆☆

2. 贴好保险标志和检验合格标志

上道路行驶的机动车未悬挂机动车号牌，未放置有效的检验合格标志、保险标志，机动车将会被公安机关交通管理部门依法扣留。当事人提供相应的牌证、标志或者补办相应手续后，交通管理部门会及时退还机动车。

检验合格标志、保险标志，要求粘贴在机动车的前挡风玻璃上的合适位置。

违规处罚

① **记分：** 1 分。

② **罚款：** 50 元。

③ **其他：** 可以暂扣车辆。

违规危害指数

☆☆☆☆

3. 实习期记得粘贴、悬挂统一式样的实习标志

在实习期内驾驶机动车的，应当在车身后部粘贴或者悬挂统一样式的实习标志。新手要注意的是，悬挂的标志有统一的要求，如"新手上路"、自行打印的标志等情形都是不合格的标志，交通管理部门会被视为未贴标。

统一标识的获取途径是：初次申领和增加准驾车型后未满 12 个月的"新手"，可到交管部门免费领取合格的"实习标志"，并按规定粘贴或悬挂。

交警发放的合格的实习标志

自制的不合格的实习标志

违规处罚

① 记分：**0 分**。

② 罚款：**50 元**。

③ 其他：无。

违规危害指数

★★★☆☆

4. 一定要按规定安装号牌

很多人对不按规定安装号牌不好界定。那么"不按规定安装号牌"的标准是什么，怎么去界定？如何预防这种违法行为发生呢？

一般来说，以下 8 种违法行为表现形式被界定为"不按规定安装机动车号牌"：

（1）将机动车号牌以反装、倒装、弯折等形式安装的。

（2）使用外置锁式、内藏锁式、电子自动遮挡或更换式活动牌照架进行安装的。

（3）2009 年 1 月 1 日以后注册的机动车辆，未使用符合国家标准的专用固封装置对机动车号牌进行固定，或号牌固封装置上压有的省、自治区、直辖市简称和发牌机关代号与号牌不相对应的。

（4）号牌前方采用有机玻璃、固定防护装置遮挡，影响号牌字符的识别的。

（5）在车辆号牌安装处同时安装有其他标牌的。

（6）使用号牌架辅助安装时，号牌架内侧边缘距离机动车登记字符边缘小于 5mm 的。

（7）车辆出厂时号牌安装位置即处于固定防护装置之后，导致不能有效识别号牌字符的，以及号牌破损未及时更新而影响有效识别号牌字符的。

（8）其他未按规定安装，影响机动车安全行驶和号牌识别的情形。

对上述前 5 项表现形式，应当按"不按规定安装机动车号牌"违法行为对当事人进行处罚；未悬挂、不按规定安装号牌和故意遮挡污损号牌的违法行为，将被处以记 12 分并罚款 200 元。

对第 6 项表现形式，应当视为轻微违法行为，对当事人予以警告并责令限期更换，不作罚款、记分处理，车辆管理部门在办理相关业务时应当严格监督及时更换。

对第 7 项表现形式，在路面执法时不进行处罚，由车辆管理部门在车辆进行年度检验时予以纠正。

对第 8 项"其他情形"，执勤交警发现后应及时向大队领导报告，视情节轻重给予警告或者罚款处罚。

违规处罚

① 记分：**12 分**。

② 罚款：**200 元**。

③ 其他：口头警告。

违规危害指数

★★★★☆

5. 使用伪造、变造的行驶证：违法

使用伪造、变造的机动车行驶证的和伪造、变造驾驶证，都是一种严重的交通违法行为。但和其不同的是，你所驾驶的车辆因为外借等原因，对车辆行驶证的情况并不知情，并能拿出证据证明，你可以要求交警大队撤销对自己的处罚。但是，在你提出证据之前，交警的处罚是合法合理的。伪造、变造登记证书、检验合格标志、保险标志等，都会受到严厉的处罚。

违规处罚

① **记分：** 12 分。

② **罚款：** 500 ~ 2000 元。

③ **其他：** 可以对当事人处 15 日以下拘留，并收缴扣留相关车辆。

违规危害指数

★★★★★

6. 不要故意遮挡、污损号牌

当事人有意将机动车号牌用布块、纸张、有机玻璃、薄膜、CD、赛车牌、保险杠、梯子扶手、备用轮胎、车厢本身、油渍、砂土、

灰尘、漆画、黏胶等物品覆盖遮挡导致无法识别，或因交通事故或长期使用自然磨损等原因造成车牌老化、掉色、断裂、被硬物刮损，无法辨认号码的，都会被认定为故意遮挡车号牌。

但是，"故意"是主观意识的判断，有时也很难判断，但在交警行政执法中，他们会根据相关规定和实际情况来认定当事人是否存在"故意"行为。

有些情况很难认定当事人是"故意"挡号、污损号牌。例如，当事人实施交通违法之时之地，短时期内有降雨雪等不良天气，引起号牌污损，交警往往不会认定其主观意识存在故意；如长时期无不良天气，而车辆号牌因长时间不擦拭，已污浊不堪，无法辨认号码，这种情况下，交警就会认定当事人为"故意"挡号、污损号牌。所以，如果冬季雨雪天气频繁，车辆号牌沾满污渍后，驾驶人应注意立即进行清理。

挡号牌记12分！

违规处罚

① **记分：** **12 分**。

② **罚款：** **200 元**。

③ **其他：** 对相关车辆进行扣留，还可以对当事人处以拘留。

违规危害指数

★★★★☆

7. 不要使用伪造、变造的号牌

机动车号牌是准予机动车在我国境内道路上行驶的法定标志，其号码是机动车登记编码，每辆机动车都有一个唯一的登记编码。通过号牌上记载的编码，交通安全管理部门和其他社会主体得以确定某一机动车的具体身份。

使用伪造、变造号牌违法，后果严重，一经查处，将被依法处罚款 5000 元、记 12 分、行政拘留 15 天的处罚。

伪造和变造的区别是，变造通常从一定真实的材料脱胎而来，如将张三的驾驶证变造成李四的驾驶证，如将张三已过期的驾驶证变造成合法有效的驾驶证。而伪造不受此限制。

违规处罚

① **记分：** 12 分。

② **罚款：** 5000 元。

③ **其他：** 对当事人处 15 日以下拘留，并收缴扣留相关车辆。

违规危害指数

★★★★☆

8. 不能使用其他车辆号牌以及其他证件

使用其他车辆的机动车号牌以及其他证件的，一般被定为"套牌车"进行处罚。

"套牌车"俗称克隆车。这种车是参照真牌车的型号和颜色，将号码相同的假牌套在同样型号和颜色的车上。要注意的是，"套牌车"不仅是牌照的套用，使用其他车辆的机动车登记证书、号牌、行驶证、检验合格标志、保险标志的，也属于"套牌车"。驾驶"套牌车"一旦被发现，对于"套牌车"车主除了给予经济处罚外，严重者还要予以刑事处罚。

违规处罚

① **记分：** 12分。

② **罚款：** 2000元。

③ **其他：** 暂扣车辆，严重者还要予以刑事处罚。

违规危害指数

★★★★☆

9. 不要非法获得证牌标识

非法获得证牌标识是指以欺骗、贿赂等不正当手段办理补、换领机动车登记证书、号牌、行驶证和检验合格标志。以非法手段获得证牌标识的，由公安机关交通管理部门收缴非法获得的机动车登记证书、号牌、行驶证，撤销机动车登记；申请人在 3 年内不得申请机动车登记。

违规处罚

① **记分：** **0 分**。

② **罚款：** **200 元**。

③ **其他：** 收缴机动车登记证书、号牌、行驶证。

违规危害指数

★★★★☆

10. 按规定检验："免检"也是要"检"的

自 2014 年 9 月 1 日起,试行 6 年以内的非营运轿车和其他小型、微型载客汽车 (面包车、7 座及 7 座以上车辆除外) 免检制度。这个规定对很多车主而言是一个好消息，因为以后车辆年检就方便多了。但是很多人光光听或看到了"免检"两个字，而没有没有仔细研究学习其中的细则和各种限定条件。

所谓6年免检是买车最初6年可以不上检测线，购车超过6年期限后还是要每年上一趟检测线。所谓年检和年审不是一个概念，车辆头6年可以不上检测线，但必须开车去车管所拿年检标。所以说，你的车还是要让车管所"审"一次，只是不需要走繁琐的车检流程。

另外要注意的是，不是所有车都可以6年免检的，其中7座及7座以上私家车就不能享受免检。还有一点，发生过有人员伤亡交通事故的车辆也不能享受免检政策。记住，只有2014年9月1日（包含9月1日）起，注册登记的非运营轿车，才可享受免检政策。

值得注意的是，在此期间，每2年提供"交强险"凭证、车船税纳税或免征证明后，直接向公安交管部门申领检验标志。

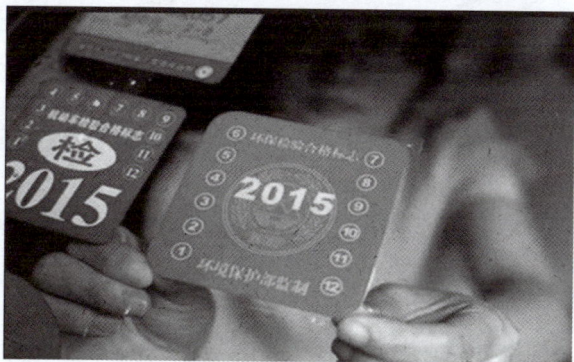

违规处罚

① **记分**：**3 分**。

② **罚款**：**200 元**。

③ **其他**：无。

违规危害指数

★☆☆☆☆

11. 改变车辆信息要办理登记

改变车身颜色，更换发动机、车身或者车架；擅自改变机动车外形和已登记的有关技术数据的，都要按规定时限去车辆管理所办理变更登记。

要注意的是，申请变更登记不是随意的。改变机动车车身颜色的；更换发动机的；更换车身或者车架的；因质量问题，制造厂更换整车的；营运机动车改为非营运机动车或者非营运机动车改为营运机动车的；机动车所有人的住所迁出本市或迁入本市管辖区域的；机动车所有人为两人以上，需要将登记的所有人姓名变更为其他所有人姓名的，这些都可以申请变更登记。

违规处罚

① **记分：** **0 分**。

② **罚款：** **200 元**。

③ **其他：** 无。

违规危害指数

★ ☆ ☆ ☆ ☆

12. 按规定办理车辆转移手续

机动车所有权转移后，现机动车所有人应在规定时限内办理转移登记手续；机动车所有人办理变更登记、转移登记，机动车档案转出登记地车辆管理所后，要按照规定时限到住所地车辆管理所申请机动车转入手续。

还没过户呢！

二手车

违规处罚

① **记分：** **0 分**。

② **罚款：** **200 元**。

③ **其他：** 无。

违规危害指数

★ ★ ☆ ☆ ☆

三、保证车辆安全设施完好无缺

1. 车辆设施完好，机件符合技术标准

道路交通安全法律、法规明确规定，驾驶人员不得驾驶安全设施不全或者机件不符合技术标准等具有安全隐患的机动车。车辆设施完好，具体要求是：

（1）灯光、喇叭、雨刮器、后视镜等装置齐全有效。

（2）制动系统良好，无异响、漏油、漏水等现象。

（3）车辆各种线路完好，无过紧或过松现象。

（4）轮胎保持良好，符合国家制动规范要求。

（5）其他部件符合安全行车标准。

违规处罚

① 记分：**0 分**。

② 罚款：**200 元**。

③ 其他：无。

违规危害指数

★★★★☆

2. 车上不要安装警报器、标志灯具

警灯、警报和标志灯具是特殊车辆在执行公务的时候才能使用的一种特殊的装置，私家车是绝对不能安装使用的。按照《中华人民共和国道路交通安全法》之规定，只有警车、消防车、救护车、工程救险车应当按照规定安装警报器、标志灯具。其他车辆不得安装、使用。

违规处罚

① **记分：0 分**。

② **罚款：200 元**。

③ **其他：** 可以收缴非法安装的警报器、扣留该机动车。

违规危害指数

★ ★ ★ ☆ ☆

3. 车身不能喷涂广告和粘贴标识

不得随意在机动车车身上喷涂、粘贴标识或者车身广告。一定要喷涂、粘贴标识或者车身广告的，应当履行手续和遵守以下规定：

（1）喷涂和粘贴车身广告需经当地户外广告管理处审批。未经批准，一律不准在车身上做广告。

（2）在机动车车身外喷涂、粘贴标识的（不含车窗玻璃、前后风挡玻璃），允许喷涂和粘贴的内容为：单位名称、标识、电话、地址、网址。喷涂字迹应端正，字号大小不得大于车身高度的 10%；字迹和标识颜色面积不得大于车身主体颜色的 1/3，不得改变车身整体颜色，原行驶证和机动车登记证书登记的车身颜色不变。

（3）重型、中型载货汽车及其挂车应在车身后部喷有与号牌字体相同，放大倍数应为号牌字体的 2.5 倍的放大号，字迹颜色应与车身颜色色差分明；厢式货车和封闭货车在车身两侧分别喷有统一的"厢式货车""封闭货车"字样；大型货车和大型客车车门两侧应喷有载重吨位及乘员人数字样，字迹要端正，颜色与车身颜色色差分明。

有的司机喜欢在后挡风玻璃上粘贴图片，例如"新手上路"字样、地图等，是否也违反规定呢？根据"机动车安全运行条件标准"，对机动车车窗玻璃是这样要求的：不允许粘贴镜面反光膜，且玻璃透光率必须达到 50% 以上。达不到要求，车辆是不能通过年检的。有的司机在车后窗粘贴半幅广告，势必影响玻璃透光率，也是属于违反规定的行为。

违规处罚

① **记分：** **0 分**。

② **罚款：** **200 元**。

③ **其他：** 无。

违规危害指数

★ ★ ☆ ☆ ☆

4. 车前后窗不要放置妨碍视线的物品

很多人会在车子的前窗上挂些珠子等饰品，也喜欢在车后窗放大衣、雨伞等。甚至还有部分女性司机喜欢在车后窗摆一排的毛绒玩具来装饰轿厢，但很少有人知道稍有不慎就会被罚款。因为按照相关法规，在机动车驾驶室的前后窗范围内悬挂、放置妨碍驾驶人视线的物品的要罚款 50 元。

驾驶人是通过车窗以及后视镜来观察车辆外面的环境的，无论是在车前窗或是车后窗放置饰品或是物品，都有可能造成驾驶人在行驶当中观察车前、车后的死角，因此，只要是影响驾驶人观察视线的，都视为违法。

在车前窗悬挂玉石、金属等材质的珠串，一是妨碍驾驶员视线，二是在急刹车的时候，珠串会摆动后视镜或砸到前挡风玻璃，十分危险。另外，在车前不建议放香水瓶或打火机，因为香水瓶和打火机容易在高温天里发生爆炸，在夏天容易引起汽车自燃。

违规处罚

① **记分：** **0分**。

② **罚款：** **200元**。

③ **其他：** 无。

违规危害指数

★★★☆☆

5. 行车时车门、车厢要关好

行车时没有将车门、车厢关好，这也是违章行为。违章严重的，导致违反刑法，要承担相应的刑事责任。在路上，我们不时可以遇见一些没有将车门关好的车辆，这样的疏忽其实是有很大的安全隐患。

车门没有关好，严重的会导致车内乘员甩出车外。

车厢没关好，最常见的就是将车厢打开装载大件货物。一些私家车主习惯将买到的大件物品放在车尾箱内，车厢门关不上的话，会用绳子将其拉上，甚至完全打开了事。这样操作，不仅占据了车辆正后方的视野，而且装载物品也有甩出车外的危险。

违规处罚

① 记分：**0 分**。

② 罚款：**50 元**。

③ 其他：无。

违规危害指数

★★★☆☆

第1章

第2章

第3章

第4章

第5章

第6章

第7章

第3章
停车雷区：懂这些停车才会安全

机动车停车可不是随心所欲、"见缝"就能"插针"的哦。人行道上、设有禁停标志、标线的路段；交叉路口、桥梁、公共汽车站，急救站等处是不可以停车的。不想看到自家车被贴罚单，就先来看看别人家的罚单都是怎么贴的吧。

一、特殊地段一定不能停

1.违规停车时驾驶人不在场或在场拒绝驶离

机动车违反规定停放、临时停车且驾驶人不在现场或驾驶人虽在现场却拒绝立即驶离，妨碍其他车辆、行人通行的，如果驾驶人在场，交警可以指出违法行为，并予以口头警告，令驾驶人立即驶离。一般驾驶人只要快速驶离即可，没有罚款的处罚。如果驾驶人拒绝驶离，驾驶的车辆妨碍其他车辆、行人通行的，交警会对你处以20元以上200元以下罚款。

如果驾驶人不在场，除了进行罚款贴罚单之外，如果停放的车辆妨碍其他车辆、行人通行了，交管部门有权将该机动车拖移至不妨碍交通的地点或者公安机关交通管理部门指定的地点停放。

违停这种违章行为属于非现场违章，在车辆年检日期之前把罚款缴纳就可以了，无任何滞纳金。在缴纳罚款前必须要去交警队执法站，开具违法行为处罚通知单，然后 15 日内再去银行缴纳罚款就可以了。如果超过 15 日法律规定的日期，就要开始收滞纳金了。

违停贴条及电子眼拍的违章行为属于非现场违章，交警会向当事人提供证明当事人违章行为的影像记录。当事人认可后才会开具违法行为处罚通知单，算是从法律上已正式告知当事人有交通违法行为了。如当事人不认可，可申请行政复议。

违规处罚

① **记分**：**0 分**。

② **罚款**：**20 ~ 200 元**。

③ **其他**：无。

违规危害指数

★★☆☆☆

2. 在人行道内停车，属违章停车

只要是机动车停在供行人行走的道路上，就属违章停车，应当受到查处。人行道是指在城市道路车行道两侧，有明显物理或者划线分割、专供行人通行的区域。但是，在人行道上画有停车泊位的，车辆可以停放。

违规处罚

① **记分**：**0 分**。

② **罚款**：**20 ～ 200 元**。

③ **其他**：无。

违规危害指数

★ ★ ★ ☆ ☆

3. 在施工地段临时停车

在施工地段，不能临时停车，更不能长时间停放。

类似上图这样的路段须减速慢行，但是不能停车，施工路段，道路变窄，行车道数量变少，此时停车极易造成交通堵塞。

违规处罚

① **记分**：**0 分**。

② **罚款**：**200 元**。

③ **其他**：无。

违规危害指数

★ ★ ☆ ☆ ☆

4. 在设有隔离设施的路段临时停车

机动车道与非机动车道、人行道之间设有隔离设施，从某种意义上说是禁止临时停车的。

违规处罚

① 记分：**0 分**。

② 罚款：**200 元**。

③ 其他：无。

违规危害指数

★ ★ ★ ☆ ☆

5. 在交叉路口、铁路道口等处停车

交叉路口、铁路道口、急弯路、宽度不足 4 米的窄路、桥梁、陡坡、隧道以及距离上述地点 50 米以内的路段，不得停车。

违规处罚

① 记分：**0 分**。

② 罚款：**20 ～ 200 元**。

③ 其他：无。

违规危害指数

★★★☆☆

6. 在公共汽车站、急救站等处停车

公共汽车站、急救站、加油站、消防栓或者消防队（站）门前以及距离上述地点 30 米以内的路段，除使用上述设施的以外，不得停车。

二、有禁停标线、标志一定不能停

1. 遇停车排队，在网格线内停车

"网格线"是一种地面交通指示标志，黄色方形边框，内有交叉网格状线条。此类交通标志主要设置在一些医院、学校、单位的进出口。车辆在行驶过程中，不管是停车还是等候红绿灯，都不可以将车停在网格线内。据了解，按照道路安全法的相关规定，机动车在行驶过程中，遇前方机动车缓慢行驶时，在网状线区域内停车等候的，将被处以罚款 100 元的处罚；在网格线内停车等候造成交通事故的，将另受到罚款 200 元的处罚。

违规处罚

① **记分：** **0 分**。

② **罚款：** **20 ～ 200 元**。

③ **其他：** 无。

违规危害指数

★ ★ ★ ☆ ☆

2. 遇缓慢行驶，在人行横道停车

前方机动车停车排队等候或缓慢行驶时，要是直接挤入人行横

道，将导致道路交通秩序混乱，也容易造成交通事故。所以，严禁遇前方机动车停车排队等候或者缓慢行驶时，在人行横道内停车等候。

违规处罚

① **记分：** **0 分**。

② **罚款：** **50 元**。

③ **其他：** 无。

违规危害指数

★ ★ ★ ☆ ☆

3. 道路两侧的黄色标线

沿着机动车道两侧的路沿石几乎都被刷成了黄色，道路两侧的黄色标线是禁停标线，用来提醒驾驶员在禁停标线范围内都不得停车。按照规定，驾驶人员只要在禁停标线范围内停车，不论车内是否有驾驶员，都要处以 200 元罚款。

违规处罚

① 记分：**0 分**。

② 罚款：**200 元**。

③ 其他：无。

违规危害指数

★ ☆ ☆ ☆ ☆

4. 禁止长时间停车的地方停车

在机动车道两侧的路沿画有黄虚线，表示只准许临时停靠车辆。在这样的路段可以上下车。

很多人不明白什么叫临时停放。所谓短暂临时停放，一般是指驾驶员不能离开机动车。通俗地说，司机短暂停车等人是允许的，只要人不离开，停再长时间都属于临时停车。一旦交通有堵塞现象需要车子移开时，便于立即将车挪开。

临时停车时一定要注意按顺行方向靠道路右边停放，车身距道路右侧边缘不可超过 0.3 米。

违规处罚

① 记分：**0 分**。

② 罚款：**20 ~ 200 元**。

③ 其他：涉事车辆会被强行拖走。

违规危害指数

★ ★ ☆ ☆ ☆

5. 在有禁止停放禁令标志的地方停放车辆

禁止长时间停车标志，为红色圆圈内红色单斜杠，表明该路段可临时停车，但禁止长时间停车。

如果在街道入口处，摆放有禁止车辆长时停放标志，表示这条街道禁止长时停放车辆，但可以短暂临时停放。这类标志一般在小街道上，既可以方便群众短时停放车辆，又不影响正常通行。

禁止临时停车和长时间停车标志，为红色圆圈内有红色交叉。这类标志又有两种：红色圆圈下带有"全路段"字样，指示全路段禁停；无"全路段"字样，指本路段禁停。

还有些道路上禁止停车的禁停标志是五花八门的，如在"黄方格"上画有"×"，或者在"停"字上画一斜杠，通常设在学校附近，表示该区域禁止停车。但这些不属于禁令标志，只起到提醒作用，违规者只给予罚款，不记分。

违规处罚

① **记分：** **0 分**。

② **罚款：** **200 元**。

③ **其他：** 无。

违规危害指数

★ ★ ★ ☆ ☆

第4章

"堵城"雷区：治堵城市的限行要求

经常跑外地的车主们如果不提前了解情况，就可能遇到该城市对外地车的限行政策，所以提前了解要去的城市有没有外地车限行还是有必要的。今天笔者就总结一下国内外地车限行的城市和限行规定（这些规定不是一成不变的，请多关注政府公告且以公告为准）。

1. 北京：外地车无进京证进京和有证高峰期进五环

从 2014 年 4 月 11 日起，北京公安交管局将严格按照《关于对部分机动车采取交通管理措施降低污染物排放的通告》（以下简称《通告》）的相关规定，加强对所涉及车辆的依法管理。根据《通告》的交通执法要求，交管部门已在主要进京道路和环路沿线增设交通标志，机动车违反规定进入禁行区域道路行驶的，将依法进行处罚：

一是未办理进京通行证件的外省、区、市机动车进入六环路（不含）以内道路行驶的，认定为"机动车违反禁令标志指示"的违法行为，处 100 元罚款处罚，并记 3 分。

二是已办理进京通行证件的外省、区、市载客汽车，工作日 7 时至 9 时、17 时至 20 时在五环路（含）以内道路行驶的，认定为"机动车违反禁令标志指示"的违法行为，处 100 元罚款处罚，并记 3 分；

平峰期间违反尾号限行规定的，认定为"违反限制通行规定"的违法行为，处 100 元罚款处罚。

　　要注意的是，外地车无进京证并不意味着就可以在六环外行车，在六环外地延庆和昌平的一些区域先后实施外地车进京无进京证限行的规定，若违反规定，将被认定为"违反禁令指示标识行驶"的违法行为，会受到处罚，罚款 100 元记 3 分。

　　另外，外地车每天上午 6 时至晚上 10 时，禁止在二环路（主路）行驶。另外，长安街及延长线国贸桥到新兴桥之间路段，以及天安门周边路段，每天上午 6 时至晚上 10 时，也禁止外地车通行。

进京证

2. 上海：不得违规上高架桥

　　据上海公安通告，上海外牌限行规定新政公布。为缓解道路交通拥堵，均衡高架和地面道路机动车流量，改善城市快速干道通行秩序，根据《中华人民共和国道路交通安全法》有关规定，2015 年 3 月 31 日，上海市公安局发布了《关于调整本市部分高架道路（城市快速路）交通管理措施的通告》，对本市部分高架道路（城市快速路）交通管理措施进行调整。

　　（1）每日 7 时至 10 时、16 时至 19 时，以下道路禁止悬挂外省市号牌小客车、未载客的出租小客车及实习期驾驶人驾驶的小客车通行（周六、周日、国定假日除外）：

　　① 延安高架路（S20 以东）。

② 沪闵高架路（全线）。

③ 中环路（全线）。

④ 华夏高架路（全线）。

⑤ 卢浦大桥。

⑥ 南北高架路（鲁班路立交至中环路共和新路立交段）。

⑦ 逸仙高架路（北向南场中路下匝道至内环高架路段）。

⑧ 内环高架路（内圈中山北二路入口至锦绣路出口，杨高南路入口至中山南一路出口；外圈锦绣路入口至黄兴路出口，董家渡路、南车站路、陆家浜路入口至杨高南路出口段除外）。

（2）本通告未尽列的高架道路（城市快速路）禁止悬挂外省市号牌小客车、未载客的出租小客车及实习期驾驶人驾驶的小客车通行的管理措施，按道路上设置的交通标志、标线所示执行。

（3）违反上海外牌限行规定的，由公安机关交通管理部门按照道路交通安全法律法规，依法予以处罚。

（4）本通告自 2015 年 4 月 15 日起施行。

3. 广州：有些道路禁止非本市籍载客汽车

大观路（广汕路至中山大道段，不含）、东环城市快速路（中山大道至东圃大桥段）、珠江水道（东圃大桥至长洲岛）、珠江水道（海珠区南面、长洲岛北面），白云区、荔湾区与佛山市交界处，鸦岗大道（不含）、华南快速干线三期、华南快速干线（广汕路至春岗立交段）,广汕路（大观路至华南快速干线段,不含）围成的区域范围内（不含高速公路、华南快速干线、东南西环城市快速路），工作日 7 时至 9 时、17 时至 19 时,禁止非本市籍载客汽车（含临时号牌车辆）通行。

4. 天津：实施 3 项限行措施

自 2014 年 3 月 1 日起，工作日（法定节假日除外）每日 7 时至 9 时和 16 时至 19 时，禁止外埠牌照机动车在外环线（不含）以内道路通行。自 2014 年 3 月 1 日起，每日 7 时至 19 时，禁止货运机动车在外环线上通行。按车牌尾号工作日（法定节假日除外）区域限行的机动车车牌尾号分为 5 组，定期轮换限行日。

机动车车牌限行尾号与北京一致。

5. 石家庄：二环路（不含）以内道路禁止非冀 A 牌照的小型客车通行

工作日（法定节假日除外）7:30~8:30、17:30~19:00 时段，二环路（不含）以内道路禁止非冀 A 牌照的小型客车通行。

6. 南京：南京长江大桥一桥全天禁行外地小客车

南京长江大桥一桥，24 小时禁止外地号牌机动车行驶。只有苏 A 小型客车可以通过。其他号牌都走 2 桥和 3 桥。

南京长江大桥

7. 杭州："错峰限行"

（1）非浙 A 号牌机动车的禁行道路明确为"错峰限行"区域以及绕城高速合围区域内的含匝道、附属桥梁、隧道的高架道路；禁行时间为工作日的早高峰 7 时至 9 时，晚高峰为 16 时 30 分至 18 时 30 分。

（2）留祥路—石祥路—石桥路—秋涛路—复兴路—老复兴路—虎跑路—满觉陇路—五老峰隧道—吉庆山隧道—梅灵北路—九里松隧道—灵溪南路—灵溪隧道—西溪路—紫金港路—文一西路—古墩路构成的合围区域内所有地面道路为禁行道路。除虎跑路、满觉陇路、五老峰隧道、吉庆山隧道、梅灵北路、九里松隧道、灵溪南路、灵溪隧道、西溪路等道路在禁行时间禁止通行外，其余边界道路可以通行，诸如文一西路、古墩路、留祥路、石祥路、秋涛路等热门路段，外地车辆在早晚高峰依旧可以通行。

（3）时代—中河—上塘高架、秋石高架、彩虹快速路、德胜高架、石大—留石高架，外地车禁行。

8. 武汉：长江大桥限行

长江大桥、江汉一桥分单双号限行。

武汉长江大桥

江汉一桥

江汉二桥

9. 西安：二环、城墙内限行

具体限号模式是以末尾阿拉伯数字为准，如若末尾为字母，那就以最后一个数字为准。每日限行两个号，采取1和6、2和7、3和8、4和9、5和0的对应模式，逐日依次轮流执行。此办法适用于西安市行驶的全部机动车（含公务车及外地车等）。

违规车辆将罚 100 元并记 3 分。

包括本地车和外地车，黄标车无标车不能进二环，没有绿标的车不能进城墙内。

10. 兰州：高峰限行措施

核载不足 9 人的非本市号牌小型及微型载客汽车，不受单双号限行措施限制，仍执行目前高峰限行措施，即在中心城区内，每日 7:30~9:00、11:00~12:30、17:00~19:30 禁止通行。

11. 哈尔滨：禁止黑 A 以外号牌机动车通行

每日 6 时 30 分至 9 时、16 时至 18 时 30 分，下列区域道路禁止黑 A 以外号牌机动车通行：友谊路、大新街、南直路、公滨路、三大动力路、和兴路、康安路、前进路、河鼓街合围的区域内道路（含上述路段）。

12. 长春：外地车限行单行线，微型面包车禁入人民大街

外地车遵守单行线限行，人民大街不允许微型面包车行驶。

13. 成都：尾号限行

外地车与本地车同样尾号限行，周一限制尾号为 1 和 6，周二限 2 和 7，周三限 3 和 8，周四限 4 和 9，周五限 5 和 0，周六周日不限。

14. 贵阳：一环路（含一环路）以内道路限制通行

临时驶入贵阳市一环路（含一环路）以内道路的非贵阳市 9 座以下载客汽车（含临时号牌车辆），连续行驶时间最长不得超过 4 天（含 4 天，按自然天数计算），再次驶入须间隔 4 天以上。因特殊情况确需超过 4 天行驶一环路（含一环路）以内道路的，持相关证明向贵阳市公安交通管理局申请办理临时通行证后通行。临时通行证有效期最长不超过 2 天。

第 1 章
第 2 章
第 3 章
第 4 章
第 5 章
第 6 章
第 7 章

第 5 章
行车雷区（1）：一般道路这些行为不要犯

行车中违法不仅仅要记分罚款，更是涉及驾驶人和乘员的人身安全。影响行车安全的行为有哪些？常见超车、会车、调头、占道违规行为有哪些？行车中遇到紧急事故该如何处理？请看本章详细解析。

一、驾驶不该驾驶的车辆

1. 拼装车来路不正，驾驶就会受处罚

拼装汽车是指违反国家关于生产汽车方面的有关规定，私自拼凑零部件装配的汽车。拼装的汽车一般都存在质量差、不符合安全检验及运行技术标准的问题，有的会因装配技术问题在行驶中造成事故。因此，驾驶拼装车会受到严厉的处罚。

拼装汽车和改装汽车是两个完全不同的概念，要注意区分。

违规处罚

① **记分：** 0 分。

② **罚款：** 500 ~ 2000 元。

③ **其他：** 将车辆收缴、强制报废，扣当事人的驾驶证。

违规危害指数

★ ★ ★ ☆ ☆

2. 报废车不报废，驾驶上路惹是非

所谓报废车就是达到一定使用年限，或因其他原因造成车辆严重损坏或技术状况低劣且无法修复，依照政府规定强制报废的车辆。

目前，家用小型轿车，无强制报废年限。家用的非运营的小、微型载客汽车，检验年限为：使用 6 年以内，两年检验一次；使用 6 年至 15 年，一年检验 1 次；使用 15 年以上，一年检验 2 次，如果检验合格，可继续驾驶，但从第 21 年起，每 3 个月检验 1 次。

一些报废车辆到了报废年限，有些人通过套牌、更新车身颜色等投机取巧的办法改头换面让其上路行驶，殊不知这是严重的违法行为。

报废车辆隐患多。机动车辆达到报废程度或到了年限，其操作灵活性、稳定性、制动性能等大大降低，存在重大隐患，严重威胁着路上过往车辆和行人的安全。

违规处罚

① 记分：**0 分**。

② 罚款：**500 ～ 2000 元**。

③ 其他：**吊销当事人的驾照，将车辆收缴、强制报废处理**。

违规危害指数

★ ★ ★ ★ ☆

3. 小客车载客人，不能违规载货品

基于交通安全的考虑，道路交通安全法规定："公路客运车辆以外的载客汽车违反规定载货的，载客汽车除车身外部的行李架和内置的行李箱外，不得载货。"显然，若严格按此规定，则三厢小客车只能将货物装在后备厢里，放在车厢内的座位上、座位边即为"违法载货"；两厢小客车和面包车没有后备厢，故不得装载货物，否则即为违法。

违规载货，罚款200元！

我就上街买个菜！

违规处罚

① 记分：**0 分**。

② **罚款：** 200 元。

③ **其他：** 无。

4.实习期要注意，有些车型不能驾驶

新手不能开特种车辆。《道路交通安全法实施条例》第22条第3款规定：机动车驾驶人在实习期内不得驾驶公共汽车、营运客车、出租车或者执行任务的警车、消防车、救护车、工程救险车以及载有爆炸物品、易燃易爆化学物品、剧毒或者放射性等危险物品的机动车；驾驶的机动车不得牵引挂车。

违规处罚

① **记分：** 0 分。

② **罚款：** 200 元。

③ **其他：** 无。

违规危害指数

★★☆☆☆

二、影响行车安全的行为习惯

1. 开车不系安全带，车祸死亡率会增加 5 倍

安全带是车辆最重要的被动安全设备之一，系上安全带能防止乘员在碰撞中被甩出车外，同时也将车厢内发生二次碰撞的机会减至最小。研究表明，不系安全带发生交通事故的死亡率会增加 5 倍。所以，世界上包括我国在内的很多国家，都强制驾驶人和相关位置的乘客必须系安全带，否则，就要被处罚。

一般情况下，不系安全带只会罚款 50 元。但有两种情况下，不系安全带是要记分处罚的：一是在城市快速道上行驶时，二是在高速公路上。

违规处罚

① **记分：** 2 分。

② **罚款：** 50 元。

③ **其他：** 无。

违规危害指数

★★★☆☆

2. 开车时打手机、看电视：妨碍安全的行为属违法

驾驶人在驾车过程中使用手持电话和看电视的，要受到相应的处罚。有人认为，《条例》只明确规定了驾车不准使用手持电话和看电视，以及相关处罚措施，是不是意味着如吸烟、吃东西就不违法呢？不是的，因为《条例》还明确提出"驾车时有妨碍安全的行为的"要记分处罚。所以，驾驶机动车时吸烟、观看小说和报刊、吃东西、未停车捡拾物品、盘腿坐在驾驶座上驾车、扭头与其他人交谈等，都属于违法行为，驾驶人应当杜绝这样的行为发生。

违规处罚

① 记分：**0 分**。

② 罚款：**50 元**。

③ 其他：无。

违规危害指数

★ ★ ★ ☆ ☆

3. 喇叭，有些不能随意按

机动车要按规定来鸣喇叭示意。一般来说，按规定使用喇叭示意分为两类，一是禁止鸣喇叭，二是需要鸣喇叭。

在禁止鸣喇叭的地段一定不要鸣喇叭。禁止鸣喇叭的地段和时段，会安放有禁止鸣喇叭的标志。

禁止鸣喇叭的标志

机动车驶近急弯、坡道顶端等影响安全视距的路段，以及超车或者遇有紧急情况时，应当减速慢行，并鸣喇叭示意。或者在有鸣喇叭标志的地段，一定要鸣喇叭示意。

鸣喇叭的标志

机动车在非禁止鸣喇叭的道路和时段使用喇叭时，应遵守下列规定：

(1) 音量不得超过规定的标准。

(2) 连续按鸣不得超过 3 次。

(3) 不得用喇叭催人、唤人。

(4) 不得在道路上维修、试验喇叭。

要注意的是，机动车不得安装不符合国家标准规定的喇叭，或加装高音喇叭、扩音设备。

违规处罚

① **记分：** 0 分。

② **罚款：** 20 ～ 50 元。

③ **其他：** 无。

违规危害指数

★ ☆ ☆ ☆ ☆

4. 违反"警告标志"是和危险同行

警告标志分为标牌和标线。

警告标牌通常为等边三角形，顶角朝上。用于警告驾驶人员，注意前方路段存在的危险和必须采取的措施。如预告交叉口、道路转弯、铁路道口、易滑路段、可能落石路段、不平路面、合流交通等。警告标志的颜色为黄底、黑边、黑图案。

在主标牌下往往设有辅助标志，起辅助说明作用的标志。分别表示时间、车辆种类、区域或距离、警告理由等类型。

警告标线有纵向标线、横向标线和其他标线三大类。纵向标线包括路面（车行道）宽度渐变标线、接近障碍物标线和铁路平交道口标线；横向标线包括减速标线；其他标线包括立面标记和实体标记。

A8　A9　A10　A11　A12　A13　A14　A15　A16

A17　A18　A19　A20　A21　A22　A23　A24　A25

违规处罚

① **记分**：**2 分**。

② **罚款**：**200 元**。

③ **其他**：无。

违规危害指数

★★★★★

5. 违反"禁令标志"，是和危险亲密接触

禁令标志分为标牌和标线。禁令标牌通常为圆形，是根据街道、公路和交通量情况对车辆加以禁止或适当限制的标志。如禁止通行、禁止停车、限制速度、限制重量、限制宽度等。禁令标志的颜色为白底、红圈、红杠、黑图案，图案压杠。其中解除禁超车、解除限制速度标志为白底、黑圈、黑杠、黑图案，图案压杠。形状为圆形，让路标志为顶角向下的等边三角形。

辅助标志是附设在主标志下，起辅助说明作用的标志。分别表示时间、车辆种类、区域或距离、警告、禁令理由等类型。

禁止通行　禁止驶入　禁止机动车通行　禁止载货汽车通行　禁止三轮机动车通行

禁止大型客车通行　禁止小型客车通行　禁止汽车拖挂车通行　禁止拖拉机通行　禁止农用运输车通行

禁止二轮摩托车通行

禁止某两种车通行

禁止非机动车通行

禁止畜力车通行

禁止人力货运三轮车通行

禁止人力客运三轮车通行

禁止人力车通行

禁止骑自行车下坡

禁止骑自行车上坡

禁止行人通行

禁止向左转弯

禁止向右转弯

禁止直行

禁止向左向右转弯

禁止直行和向左转弯

禁止直行和向右转弯

禁止调头

禁止超车

解除禁止超车

禁止车辆临时或长时停放

禁止车辆长时停放

禁止鸣喇叭

限制宽度

限制高度

限制重量

　　禁止标线即地上的黄实线（路中间分隔带禁止越过）和黄色大叉(代表禁止停车)，压上去即违反禁止标线指示。禁止驶入(单行线)、禁止转弯、禁止停车、禁止调头等都属于禁令标志。

违规处罚

　　① 记分：**3 分**。

　　② 罚款：**200 元**。

　　③ 其他：无。

违规危害指数

　　★★★★★

6. 不服从交警指挥，罚你没商量

在一般情况下，司机要依法按指示标线和信号灯指示来行驶，但是，如有交警在路口指挥，司机必须听从交警的指挥。

让很多新手司机疑惑的是，当红灯时，交警示意通行时，自己是不是可以不顾红灯而通行呢？在交警指挥和路标冲突时，司机应该听从交警的指挥通行。当然，司机也没必要担心违反路牌标线而被罚款记分，不听从交警指挥才是违法行为。

违规处罚

① **记分：** **0 分**。

② **罚款：** **200 元**。

③ **其他：** 无。

违规危害指数

★★★★☆

7. 开关车门时妨碍其他车辆和行人

开关车门不当会遭受处罚吗？是的，《道路交通安全法实施条例》规定：开关车门时不得妨碍其他车辆和行人通行，否则罚 20 元。

那么，如何开关车门才能避免妨碍其他车辆和行人呢？老司机的经验是，停车后，应先看后视镜，确认无来车、来人时，把车门打开一小条缝再慢慢将车门推开，切忌突然推开车门。这样，就能避免因开车门而发生交通事故。

违规处罚

① **记分：** 0 分。

② **罚款：** 20 元。

③ **其他：** 无。

违规危害指数

★★☆☆

8. 不要疲劳驾驶：连续超过 4 小时不休息

如果驾驶机动车，连续超过 4 小时未停车休息，那么就算疲劳驾驶了！过度疲劳仍继续驾驶的，是要被罚 200 元的，有的机动车还可以做拖移处理。

驾驶员在长时间连续行车后，会产生心理机能和生理机能失调现象，例如：视线模糊、腰酸背疼、反应迟钝、动作呆板，使驾驶机能下降等。驾驶疲劳将使驾驶员的注意力、感觉、知觉、思维、判断、意志、决定和运动诸方面受到影响。

违规处罚

① **记分：0 分**。

② **罚款：200 元**。

③ **其他：** 无。

违规危害指数

★★★☆☆

三、违规超车会车

1. 会车时不讲规矩，害人又害自己

会车，即反向行驶的列车、汽车等同时在某一地点交错通过。这时，要求各方驾驶人按照规定会车。

车辆在没有设置中心分隔护栏的道路行驶，与前方来车交会时，应适当降低车速，并选择比较空阔、坚实的路段，靠路右侧缓行交会通过。

准驾驶员如果在行驶前方的道路右侧有障碍物时，要根据己车距障碍的距离、速度以及道路状况，决定是加速越过障碍后会车还是减速慢行甚至停车让对方车先行，以错开时间，避免在障碍物处会车；如果没有把握，则应降低车速，缓行至障碍物近处，不要忙于超过，让对面来车通过障碍后再继续行驶；如果估计两车要在障碍物处会车时，应主动减速、停车、调整车体位置或倒车让路，不要抢行堵住来车行驶路线；如果可能在路面较窄或道路两侧均有障碍的情况下会车时，则应根据对方来车速度和道路条件预选交会路段，正确控制车速，以保证两车在选定的路段交会。

会车时，必须注意保持足够的安全侧向间距，做到"礼让三先"——先慢、先让、先停，绝对不可抢行争路，互不相让，以致形成僵持局面。

为此，会车前要做到一看二算三慢：一看，即看对向来车的车型、速度和装载情况，前方道路的宽度、坚实情况，路旁行人、车辆情况，路旁停车以及障碍物情况等；二算，通过观察和比较估算出两车交会时的大致位置，占路情形，以留出合适的横向安全间隔；三慢，即会车时要放慢车速，临近交会时条件不良，更应控制车速，不能盲目交会，必要时应该先停车，以达到两车顺利交会的目的。

一般情况下的会车，须遵守下列规则：空车让重车，单车让拖挂货车，大车让小车，货车让客车，教练车让其他车辆，普通车让执行任务的特种车，下坡车让上坡车。

夜间会车时，要按规定把远光灯改为近光灯，交会时要减速，防止碰撞前方右侧的行人和骑车人。

会车时，还要特别注意道路上的行人和非机动车情况，看清预计会车地点的行人动态。当行人被来车挡住时，要防止这些行人忽略本车，因此，要鸣号示意。总之，在有行人处会车时，必须防止发生各种突发情况，做好随时停车的准备。

会车让行

会车先行

怎样区别开上面的这两个标志呢？从图示中我们对它们的形状、颜色都已经看得很明显了，两个标志一圆一方，底色也不同，"会车先行"标志右侧是一个白箭头，左侧是红箭头，而"会车让行"标志右侧为红色箭头。

在交通标志中红色表禁止，标志上非红色的粗箭头侧先行，而且是"圆让方先"，也就是圆形为会车让行，方形为会车先行。

违规处罚

① **记分：** 1 分。

② **罚款：** 200 元。

③ **其他：** 无。

违规危害指数

★★☆☆☆

2. 从右侧随便超车太危险

交通法规里面的"超车"，和我们平常提到的超车，其定义是有很大区别的，并不是"后车超过前车"这么简单。

交通法规是这样定义超车的：在同一车道行驶的后车超越同向

行驶的前车，且超越前车之后，这辆车始终在原车道内行驶。先从原车道变道，然后超越前车，最后并回原车道。车辆只有完整地完成了这样一套动作，这种行为才属于交通法规条文里定义的"超车"。

正确的超车

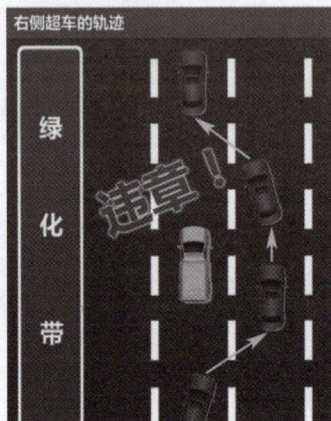

违规超车

判断"右侧超车"，关键是看超车车辆的完整动作：在同一车道行驶的后车并到右侧车道，然后超越前车，最后并回原来车道。在这个过程中，后车变道的位置是判断车辆是否属于"右侧超车"的关键因素——假如后车在超车前和超车后，并回原车道的位置都离被超车辆很远，那么这种从右侧车道超越前车的行为就不能算"右侧超车"。

很多人之所以误解了"右侧超车"的行为，皆因没理解清楚"超车"的含义，然后便把一切从前车右侧超过的行为，都认定为"右侧超车"。下图中提到的 3 种疑似"右侧超车"的行为，其实是被大家误解了：

看到这里，大家应该都明白了，并非所有从前车右侧车道驶过的行为，都是交通法规定义的"右侧超车"。判断"右侧超车"的关键，还是看后车在超越前车的过程中，是否存在"从原车道往右变道，超越前车后再变回原车道"的连贯动作。

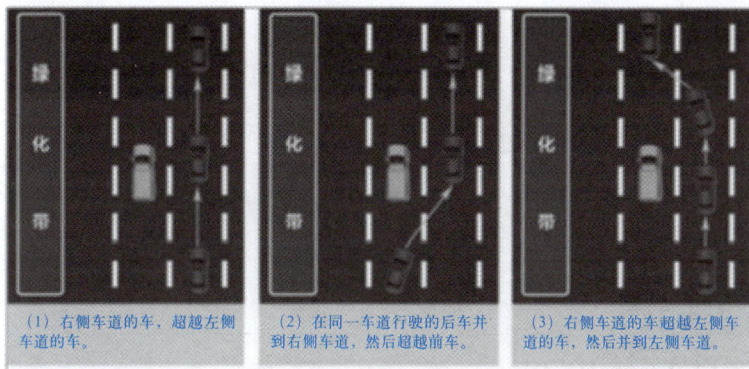

（1）右侧车道的车，超越左侧车道的车。

（2）在同一车道行驶的后车并到右侧车道，然后超越前车。

（3）右侧车道的车超越左侧车道的车，然后并到左侧车道。

违规处罚

① **记分：1 分**。

② **罚款：200 元**。

③ **其他：** 无。

违规危害指数

★★☆☆☆

3. 前车左转弯时超车容易追尾

看到有车正在前方向左转弯时，我们就不能超车了。要是两车发生了碰撞。后车负全责。有人认为，自己是从左侧超过去，对方的车头撞到了自己车的车身右侧。因此，是对方转弯撞了自己，对方应该负事故的全责。

但根据《交通法》相关规定，同车道行驶的机动车遇前车正在左转弯的，不得超车。

违规处罚

① **记分：** 1 分。

② **罚款：** 200 元。

③ **其他：** 无。

违规危害指数

★ ★ ★ ☆ ☆

4. 前车调头时超车容易撞车

在允许车辆在道路中间调头的路段，一辆车在前方道路上调头，有车从后方驶来，看见有车在调头，就从调头车的左侧超越过去。在超车的过程中，两车发生碰撞（见下图）。

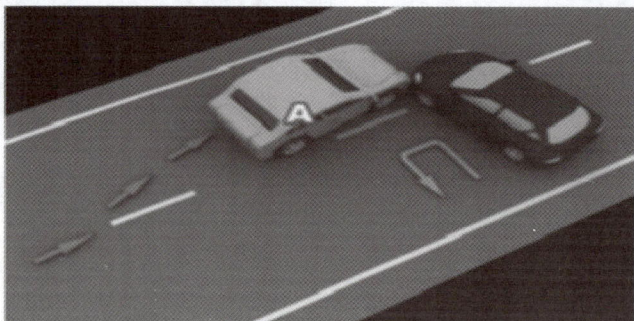

前车调头时超车

交规规定，超车车辆负全责。发生这样的情况，有些当事人会有异议：

异议一，超车者认为自己虽然是在超车，但是车子是直行的，对方车是在调头。因此，对方应承担事故的全部责任。

异议二，超车者超车的过程中，右侧车身与正在前方调头的车车头发生碰撞。是调头车碰了超车车辆，所以调头车要负事故的全部责任。

异议三，超车车辆在超车过程中，车头与正在前方调头的、车的车头发生碰撞。因此，双方都有过错，应承担事故的同等责任。

根据交通法相关规定，同车道行驶的机动车，后车应当与前车保持足以采取紧急制动措施的安全距离。前车正在调头的，不得超车。

因此，事故中的超车者遇前方有车在调头时没有让行，应负事故全部责任。驾车遇前方车辆在调头的，请驾驶员耐心等待，不要随意地超车，以免造成事故和路阻。

违规处罚

① **记分：1 分**。

② **罚款：200 元**。

③ **其他：**无。

违规危害指数

★ ★ ★ ☆ ☆

5. 不要在危险处和前车超车时超车

超车是风险最高的驾驶行为之一，所以，不仅超车时要万分的小心，《交规》对超车也有严格的规定，对违反规定者必将遭受严厉的处罚。如在铁路道口、路口、窄桥、弯道、陡坡、隧道、人行横道、交通流量大的路段等地点超车的，以及在前车超车时超车的，都属于违规行为。

危险处超车

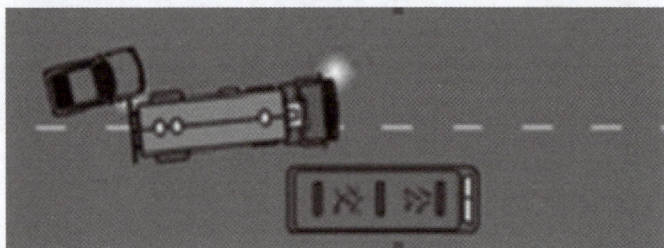

前车超车时超车

违规处罚

① **记分：1 分**。

② **罚款：200 元**。

③ **其他：**无。

违规危害指数

★★★☆☆

6. 有会车可能时，不要超车

在可以超车的普通路段上，前方有车在正常行驶，在从货车左侧超车的过程中，要注意对面有没有行驶而来的车。

与对面来车有会车可能时超车

　　根据《交通法》相关规定，同车道行驶的机动车，后车应当与前车保持足以采取紧急制动措施的安全距离，与对面来车有会车可能的，不得超车。因此，在超车前应该先判断自己的车超车是否会影响到对面的来车，在确定对向车道无车辆的安全情况下，才能超车。

违规处罚

　　① **记分：**1 分。

　　② **罚款：**200 元。

　　③ **其他：**无。

违规危害指数

　　★★☆☆☆

7. 超越执行紧急任务的车

　　在驾驶的过程中，有些车不能超越，否则会被处罚。如超越执行紧急任务的警车、超越执行紧急任务的消防车、超越执行紧急任务的救护车、超越执行紧急任务的工程救险车等。

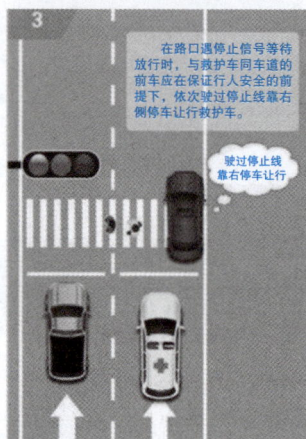

违规处罚

① 记分：**1 分**。

② 罚款：**200 元**。

③ 其他：无。

★ ★ ★ ☆ ☆

8. 变道影响正常行驶的车辆

机动车变道属于非常危险的交通行为之一，如果司机看不准前后左右的车辆，就很容易发生交通事故。因此，建议车主不要轻易变道行驶，除非有紧急事情或者道路行驶不对等，才能变道，否则都要照常行驶。尤其是到了红绿灯口，你必须掌握变道时机，选择自己要行驶的车道。

机动车随意变更车道，是机动车在正常行驶中，违反规定随意变更原行驶车道，影响其他正常行驶的机动车的违法行为。尤其以在城市路口、高速公路上较为多见，极易因变更车道而妨碍后面车辆的正常行驶，此行为轻则造成交通拥堵，重则容易引发交通事故。

凡是机动车在划有白色直线或斑马线的路段上变道，或在变道时影响该车道内车辆的正常行驶，或在高架道路上一次连续变换两条车道的，均属违章变道。

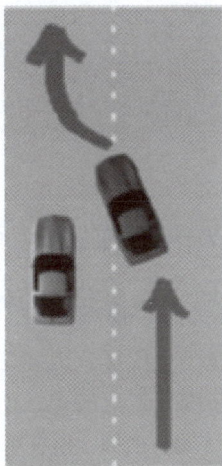

那么，该如何正确变道呢？

（1）先观察并判断汽车侧方与后方的交通情况,然后打开转向灯;再次确认两侧道路没有车辆超越,并保持准备驶入的车道留有安全距离;平稳转向,再驶往所需车道,完成后关闭转向指示灯即可。

（2）只能变更到相邻的车道,若有需要变到更远的车道,则先变更到相邻的车道并行驶一段后,再变更到另一条车道。

（3）在变更车道时遇到交叉口的话,要根据需要行驶的方向来选择车道,按交通标志的导向箭头方向驶入导向车道。

（4）变更车道在遇到障碍时,要提前变道以防止强行变更车道时发生碰撞事故。

（5）行车中变更车道的技巧:在向左或向右变更时不宜太过缓慢,如果长距离的压线行驶的话,会影响其他车辆行驶,在五六十米的距离之间变更车道最佳。

违规处罚

① **记分：** 3 分。

② **罚款：** 100 元。

③ **其他：** 无。

违规危害指数

★★★☆☆

四、不避让行人和特殊车辆

1. 在居民区、单位院内不低速避让行人

居民区、单位院内属于生活区,人多路窄,行人经常会跑到机动车道上,再加上住宅区内儿童比较多,他们很好动,经常会追逐打闹,跑起来的时候不管不顾,所以,很有可能会冲到机动车道上来,这会让人措手不及。对于小区内行车,不仅对时速严格限在 20 公里内,对不避让行人的行为也要进行罚款处罚。在道路上通行时,人们都

熟知"一停二看三通过"的原则。在小区道路上通行，仍需谨记这一原则。

违规处罚

① **记分：** **3 分**。

② **罚款：** **20 ~ 50 元**。

③ **其他：** **无**。

违规危害指数

★ ★ ★ ☆ ☆

2. 未减速避让人行横道上的行人

斑马线是人行道，顾名思义，是路人专属道。机动车行驶到斑马线前必须减速，只要有一个行人一只脚踏在线上都必须停车避让。

遇到行人穿越人行横道时，无论人行横道是否位于街区中央，路口有无交通信号灯，也无论人行横道是否具有涂线标识，都务必停车。遇到前方车辆在人行横道处停驶时，切勿超车。驾驶员可能无法看到行人正在横穿街道。在学校、操场、公园及居民区附近驾驶时，务必更加谨慎，因为儿童可能会突然闯入街道。当校车闪烁红灯时（红灯位于车前及车后顶部），无论沿哪个方向行驶，均须停车，直至儿童安全穿过街道且红灯停止闪烁为止。

违规处罚

① 记分：**1 分**。

② 罚款：**20 ~ 50 元**。

③ 其他：无。

违规危害指数

★★★★☆

3. 环形路中不让行已在路口内的车

机动车进入环形路，但是环形路上已经有车辆在行驶，而且即将行驶到你要出的路口，那么，你就应该先让他先行，待他经过后你再进入环形路。对准备进入环形路口并且不让已在路口内的机动车先行的，都会遭遇处罚。

违规处罚

① **记分：3 分**。

② **罚款：100 元**。

③ **其他：无**。

违规危害指数

★ ★ ★ ☆ ☆

4. 转弯车未让行直行车

在很多地方，直行车比其他车有更多的道路优先权，《交规》规定，转弯车要主动避让直行车辆。但是，"转弯车让行直行车"是有一定条件的，另外，也不是所有转弯车都需要让行直行车。

同一道路，相对方向行驶，转弯让直行。注意，所谓的转弯让直行，很多情况下只适用于同一道路的相对方向的车辆。

《交规》中也有直行车辆让转弯的：

（1）有标志标线控制的直行车让不受控制的转弯、变更车道车先行。

停车让行

表示车辆必须在停止线以外停车瞭望，确认安全后，才准许通行。停车让行标志在下列情况下设置：(1) 与交通流量较大的干路平交的支路路口；(2) 无人看守的铁路道口；(3) 其他需要设置的地方。

减速让行

表示车辆减速让行，告示车辆驾驶员必须慢行或停车，观察干路行车情况，在确保干道车辆优先的前提下，认为安全时方可续行。此标志设在视线良好交义道路的次要路口。

干路先行

表示干路先行，此标志设在车道以前适当位置。

停车让行线

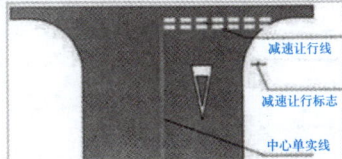

减速让行线

减速让行标志

中心单实线

减速让行线

（2）在这些标牌和标线下的车辆，直行也没有优先权。

（3）有让行标志的，直行要让转弯；受辅路标志控制的，让有主路标志控制的转弯、变更车道机动车。

另外，同一道路，同方向，同车道，无论前车转弯、调头，都比直行后车更具有优先通行权。

违规处罚

① 记分：**3 分**。

② 罚款：**100 元**。

③ 其他：无。

违规危害指数

★★★☆☆

5. 不避让校车，"罪大恶极"

2013 年新交规规定，不按规定避让校车的，将处以 200 元罚款并记 6 分。然而，很多司机却不知该如何避让校车。

校车安全管理条例规定，校车在道路上停车上下学生，应当靠道路右侧停靠，开启危险报警闪光灯，打开停车指示标志。

开车遇到这种情况，要做到：

（1）校车在同方向只有一条机动车道的道路上停靠时，后方车辆应当停车等待，不得超越。

（2）校车在同方向有两条以上机动车道的道路上停靠时，校车停靠车道后方和相邻机动车道上的机动车应当停车等待，其他机动车道上的机动车应当减速通过，校车后方停车等待的机动车不得鸣喇叭或者使用灯光催促校车。

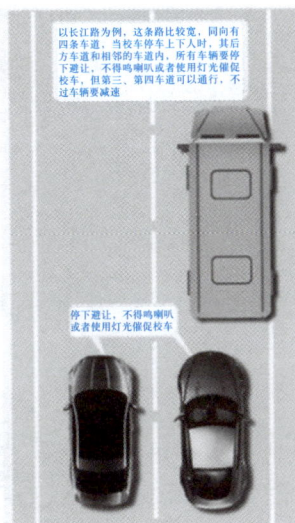

以长江路为例，这条路比较宽，同向有四条车道，当校车停车上下人时，其后方车道和相邻的车道内，所有车辆要停下避让，不得鸣喇叭或者使用灯光催促校车，但第三、第四车道可以通行，不过车辆要减速

停下避让、不得鸣喇叭或者使用灯光催促校车

违规处罚

① **记分：** **6 分**。

② **罚款：** **200 元**。

③ **其他：** 无。

危害指数

★★★★★

6. 不避让救护车、消防车等特殊车辆

社会车辆有条件避让救护车、消防车、工程救险车等特种车辆而未避让的，要受罚。如果社会车辆因避让救护车等特种车辆而导致压线、闯红灯、不按车道行驶等交通违法被电子警察抓拍的，经核实后不予录入交通违法系统。

车主如因避让救护车而收到交通违法通知的，可向市交警支队提出行政复议，如核实车辆确系因避让救护车等特种车辆而导致交通违法的，交警部门将根据情况撤销处罚决定。

违规处罚

① **记分：** 3 分。

② **罚款：** 50 元。

③ **其他：** 无。

违规危害指数

★★★☆☆

7. 不避让道路养护车辆、工程作业车

行车中遇到正在进行作业的道路养护车辆、工程作业车时要注意避让。不避让正在作业的道路养护车、工程作业车，要比不避让特殊车辆所遭受的处罚小。

违规处罚

① **记分：0 分**。

② **罚款：100 元**。

③ **其他：** 无。

违规危害指数

★☆☆☆☆

8. 不主动避让盲人

盲人行动不便，但听觉往往都很灵敏，听到汽车喇叭声或汽车行驶的声音就马上避让，但通常不了解自己避让的程度，往往欲避不能，此时不准用鸣笛不断催促，而应减速绕行，以免使盲人无所适从而发生危险。

违规处罚

① 记分：**0 分**。

② 罚款：**50 元**。

③ 其他：无。

违规危害指数

★ ☆ ☆ ☆ ☆

五、违规占道行驶

1. 在非机动车道内行驶

机动车道相对的是非机动车道，如自行车道、人行道、路肩等，在这些道上行驶均是属于机动车不在机动车道内行驶。一般来说，有明显的非机动车道、人行道标志的，机动车不得进入非机动车道、人行道，否则，就会遭遇违规处罚。

违规处罚

① 记分：**0 分**。

② **罚款：** **20 ～ 200 元。**

③ **其他：** 无。

违规危害指数

★ ★ ★ ☆ ☆

2. 图通畅非法使用专用车道

所谓专用车道，是指在道路范围内，用交通标志、交通标线施划的，或者其他交通设施分隔出来的，专门供某类车辆通行而其他任何非准许在本车道内通行的车辆不得进入该车道内行驶的车道。

在道路上施划专用车道，为某类车辆提供专门车道通行，这是大多数国家和地区为缓解交通压力，提高交通通行效率的成功经验和通常做法。

《中华人民共和国道路交通安全法》规定：道路划设专用车道的，在专用车道内，只准许规定的车辆通行，其他车辆不得进入专用车道内行驶。目前，国内许多城市道路施划的专用车道，基本上是公交专用车道。

第1章

第2章

第3章

第4章

第5章

第6章

第7章

违规处罚

① **记分：** **0 分**。

② **罚款：** **100 元**。

③ **其他：** 无。

违规危害指数

★ ☆ ☆ ☆ ☆

3. 普通道路逆向行驶最危险

逆向行驶是属于一种严重的交通违章行为，此类行为是非常野蛮的，会给交通带来巨大的安全隐患。在很多人看来，"逆向行驶"很容易理解，其实不然。很多人只知道路段逆向行驶，而不知道路口逆向行驶。

拐过后压左侧黄线

路口逆向行驶主要发生在路口左拐弯的时候。道路中央的黄实线下方与路口的停止线一样，都已被埋下了感应装置，只要车辆触碰到这些就会产生感应，路口的监控摄像头便会拍下照片进行取证。而对于那些车辆行驶到路口，由于方向打的过大了而造成车辆部分压过黄实线的行为，虽然会被监控探头拍照，但交警部门只是以警告为主，不会对其进行处罚。整个车身全部车轮压过黄实线的车主，交警部门将按照逆向行车，对其进行罚款 200 元、记 3 分的处罚。

违规处罚

① **记分：** **3 分**。

② **罚款：** **200 元**。

③ **其他：** 无。

违规危害指数

★★★★☆

六、违规拐弯调头

1. 违反禁止调头标志、标线

机动车在有禁止调头或者禁止左转弯标志、标线的地点不得调头。机动车在没有禁止调头或者没有禁止左转弯标志、标线的地点可以调头，但不得妨碍正常行驶的其他车辆和行人的通行。路口如有"禁止左转"标志，即使未悬挂"禁止调头"标志，该路口也禁止调头。"禁止左转"标志，同时具有"禁止左转""禁止调头"两种效力。

禁止调头的标牌　　　　禁止左转弯也禁止调头　　　　禁止调头的标线

违规处罚

① **记分：** **3 分**。

② **罚款：** **100 元**。

③ **其他：** 无。

违规危害指数

★ ★ ☆ ☆ ☆

2. 在容易发生危险的路段调头

调头时，首先要选择合适的地段，发出向左转弯的信号，将车缓慢地驶向道路的一侧，方向盘向左转足，此时如仍转不过来时，可作再次后退或前进，反复几次至掉转完成即可。机动车在铁路道口、人行横道、桥梁、急弯、陡坡、隧道或者容易发生危险的路段，不能调头。

违规处罚

① **记分：** **0 分**。

② **罚款：** **200 元**。

③ **其他：** 无。

违规危害指数

★★★★☆

3. 调头时妨碍正常行驶的车和行人

　　要调头时，应注意观察道路条件或交通情况，选择不妨碍车辆和行人正常通行、允许调头的安全路段进行调头。调头地点应尽量选择交通流量小、道路较宽并能一次完成调头的地段和路口进行。

　　调头时妨碍正常行驶的车辆和行人通行的，要被罚款。但是很多人不知道，怎样才算"妨碍正常行驶的车和行人"。

　　一般来说，调头给正常行驶的车和行人造成不便，就属于"妨碍"范畴。但是，只要不发生实质性的事故，都不会给予处罚。

违规处罚

①　**记分：** **0 分**。

②　**罚款：** **0 元**。

③　**其他：** 无。

违规危害指数

　　★★☆☆☆

4. 不按规定倒车：要在正确的地点倒车

　　一般来说，倒车引发的交通事故轻微的多一些，比如将车前灯撞碎、保险杠撞凹、与他车发生刮擦、将车尾灯碰碎、后轮掉沟、伤害他人等。事故损失虽然不大，但却埋下了重大隐患。倒车引发的重大事故也时有发生。所以，在倒车时应做到：

　　（1）机动车倒车时，应当查明车后情况，确认安全后倒车。多用后视镜，严禁在车后情况不明时盲目倒车。

　　（2）不得在铁路道口、交叉路口、单行路、桥梁、急弯、陡坡或者隧道中倒车。

　　违反此规定的，将会被处以警告或者 20 元以上 200 元以下罚款。

　　正所谓向前容易向后难，盲目倒车最危险。看清情况再倒车，人身车辆保安全。

违规处罚

① **记分：2 分**。

② **罚款：20 ~ 200 元**。

③ **其他：无**。

违规危害指数

★ ★ ★ ☆ ☆

5. 没有靠路口中心点左侧左转弯

向左转弯时，要靠路口中心点左侧转弯。转弯时开启转向灯，夜间行驶时开启近光灯。大弯也要在中心点左侧才行，大弯是说尽量靠近中心点，不要觉得大弯就要走中心点右侧，那是不对的。

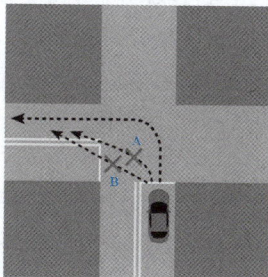

左转弯时，未靠路口中心点左侧转弯

违规处罚

① **记分：2 分**。

② **罚款：100 元**。

③ **其他：**无。

违规危害指数

★ ★ ☆ ☆ ☆

6. 相对行驶右转弯车不让行左转弯车

很多人都知道，在路口，转弯车应该让直行车先行。那么要是都是转弯车呢？就如上述情况，一个左转弯，一个右转弯，他们该如何让行？交通法规上规定：相对方向行驶的右转弯机动车，要让左转弯车辆先行。

因为左转弯车辆在路口行驶的时间长于右转弯的车辆，它影响其他车辆和行人的时间、它自己受其他车辆影响的时间都长于右转弯的车辆，所以，右转弯的车辆应让左转弯的车辆先行。如果左转弯车让行的话，就会增加上述不利因素，不利于尽快清空路口车辆，从而造成堵塞。

是不是任何情况下，都是右转弯让左转弯？

在交叉路口，没有交通信号灯控制，也没有警察指挥的情况下，我们应该首先观察是否有交通标志、标线控制：如果有，那就应该让优先通行的一方先行；如果没有，右转弯的就应该让左转弯的先行。但记住，必须是相对方向行驶的双方。相对方向是指二者相对于对方是相反的方向，例如一个是由东向西行驶，另一个是由西向东行驶。

违规处罚

① **记分：2 分**。

② **罚款：20 ~ 200 元**。

③ **其他：无**。

违规危害指数

★ ★ ☆ ☆ ☆

七、危险路段不按规定驾驶车辆

1. 没有依次交替驶入车道减少的路口、路段

车道变少的情况下，同向的两个车道的车依次交替通过。如果大家都抢道，往往会出事故，所以，遇前方机动车停车排队等候或者缓慢行驶时，未依次交替驶入车道减少后的路口、路段的，会受到罚款处罚。

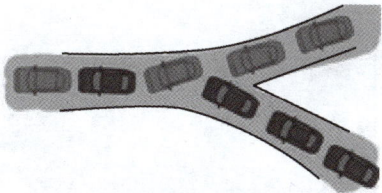

红绿车交替通过

两侧变窄

右侧变窄

左侧变窄

违规处罚

① **记分：** 0 分。

② **罚款：** 20 ～ 200 元。

③ **其他：** 无。

违规危害指数

★ ★ ☆ ☆ ☆

2. 遇排队和遇缓行时穿插或超越行驶

很多司机开车遭遇排队时喜欢穿插或超越行驶，殊不知，这样的举动是严重违规行为，会受到罚款的处罚。一般来说，因为"穿插或超越行驶"而受罚的有两种情况：一是车辆遇排队时穿插或超越行驶，二是车辆在拥挤路段缓慢行驶时，借道超车，或者占用对面车道、穿插等候车辆。

违规处罚

① **记分：** **0 分**。

② **罚款：** **20 ～ 200 元**。

③ **其他：** 无。

违规危害指数

★★☆☆☆

3. 没有低速通过漫水路、桥

行经漫水路或漫水桥时，千万不要疾驰而过，这不仅违规，还会给自己带来极大的安全隐患。

车辆通过漫水桥或漫水路时，应注意以下几个方面：

（1）必须首先实地察明水的深浅、流速快慢和水底路面的软硬程度，结合所驾车辆的涉水能力，决定是否通过。

（2）涉水前，应当停车等候片刻，使制动摩擦片自然降温，防止制动摩擦片过热遇水而破裂，或因操作不当中途熄火造成气缸进水。

（3）通过水面时，要挂低速挡保持车辆动力充足。

（4）下水时，不要加速猛冲，要慢打方向盘，以防侧滑。

（5）水面较深时，应当关闭百叶窗，拆下风扇皮带，用防水布或塑料布扎好分电器、高压电线，升高蓄电池位置，用软皮管插在消声器上向上弯起，以利排气。

（6）涉出水面后，应对车辆进行检查，恢复车辆原状，待制动性能正常后再进入路面正常行驶。

第1章

第2章

第3章

第4章

第5章

第6章

第7章

违规处罚

① **记分：** **0 分**。

② **罚款：** **100 元**。

③ **其他：** 无。

违规危害指数

★★☆☆☆

4. 不按指挥依次待渡，上下渡船未低速慢行

渡口地形较为复杂、道路条件较差，在遇到渡口时，在谨慎驾驶、注意安全的同时，还会看到有渡口管理人员指挥过渡车辆，让各车依次待渡。渡口、渡船中行车危险性较大，所以机动车行经此处，应该服从渡口管理人员安排待渡、过渡，上下渡船要低速慢行。

渡口的警示标志

违规处罚

① **记分：** **0 分**。

② **罚款：** **200 元**。

③ **其他：** 无。

违规危害指数

★ ★ ★ ☆ ☆

5. 在混行道不居中行驶

机动车在没有划分机动车道、非机动车道和人行道的道路上，不在道路中间通行的，要罚款 100 元。因为混行道路的两边多是行人和自行车等非机动车，这就要求机动车要居中行驶，也是为了他人的安全考虑。

违规处罚

① **记分：** **0 分**。

② **罚款：** **100 元**。

③ **其他：** 无。

违规危害指数

★★☆☆☆

6. 下陡坡空挡和熄火滑行

使用气刹制动装置的汽车空挡滑行或熄火滑行，都无法提供持续的高压气体来实现长时间或多次数的制动。对于现在的自动挡小汽车来说，刹车不是气刹制动装置，虽然理论上可以空挡滑行，但这不利于有效控制车速，不能避免过度使用刹车造成制动过热而刹车失效。

无论是平路还是坡道，熄火滑行都是很危险的事，因为熄火后会导致转向无助力，方向盘操作力度方面与正常行驶时有很大不同，造成操作失误的可能性大增。

违规处罚

① **记分：** **3 分**。

② **罚款：** **100 元**。

③ **其他：** 无。

违规危害指数

★★★☆☆

八、路口不按规定行驶车辆

1. 不按导向车道行驶

机动车通过有交通信号灯控制的交叉路口时，在划有导向车道的路口，应当按所需行进方向驶入导向车道。如果是直行车，进入了左转或右转车道，电子眼同样会马上进行抓拍。

不按导向车道行驶的违法行为主要有 3 种：一是直行时借道左转弯车道；二是左转弯时借道直行车道；三是在左转弯和直行车道内随意右转弯。

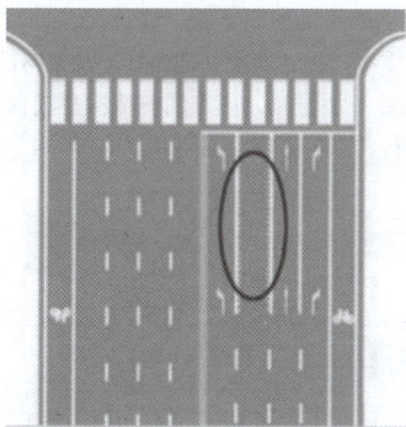

带有可变向车道的道路

违规处罚

① **记分：** 2 分。

② **罚款：** 100 元。

③ **其他：** 无。

违规危害指数

★ ★ ★ ☆ ☆

2. 行经铁路道口时违法通行

行经铁路道口的机动车应该按规定通行，一般来说，铁路道口的机动车通行规定如下：

（1）车辆在通过铁路道口时，应该遵循"宁停 3 分，不抢一秒"的原则。

（2）时速不得超过 20 公里，并服从铁路管理人员的指挥。

（3）车辆在铁路道口熄火，发动机起动不了的情况下，可进 1 挡或 2 挡或倒挡（倒车时），不踩离合器踏板，用起动机连续起动牵引车辆离开道口（自动挡车不能用此方法）。

（4）遇道口内的路面凹凸不平、铁轨又滑时，要注意防止车辆跑偏和侧滑，两手应紧握转向盘，把握好行驶方向，保持直线行驶。

（5）在道口等待放行时，应靠右侧依次尾随前车停放，不得并列停放或争先抢行，以免造成交通阻塞。

前车停车后，应尾随前车靠右侧依次停放，不得并列停放或抢行通过

（6）尾随前车通过铁路道口时，应保持足够的安全距离，在前车驶出道口大于一个车位的距离后，才能驶入道口，防止前车因交通阻塞或其他原因停车，造成无法驶离铁路道口。

前车驶出道口一个车位距离后，才能驶入道口

违规处罚

① **记分：** **0 分**。

② **罚款：** **100 元**。

③ **其他：** 无。

违规危害指数

★★★☆☆

3.不依次停车等候，罚款又记分

有时候，"依次停车等候"也是司机必须要遵守的规则之一。否则，会导致记分罚款。一般来说，有两种情况需要司机一定要依次停车等候：一是通过路口向右转弯遇同车道内有车等候放行信号时，要依次停车等候；二是路口遇有交通阻塞时要依次停车等候。当然，千万不要只因为这两种情形会给你带来记分罚款才去"依次停车等候"，为了行车安全，很多时候都需要我们"依次停车等候"。

违规处罚

① **记分：** **2 分**。

② **罚款：** **100 元**。

③ **其他：** 无。

违规危害指数

★★☆☆☆

4.复杂路口不让行，不仅仅是不文明

让行是开车最常见的行为；不让行，也是司机最常见的不文明行为。很多人认为，让行与不让行完全是礼仪问题。其实，在某些特殊地段，不让行是严重的违法行为：一是机动车通过无灯控或交

警指挥的路口，不按交通标志、标线指示让优先通行的一方先行的；二是机动车通过无灯控、交警指挥、交通标志标线控制的路口，不让右方道路的来车先行的。

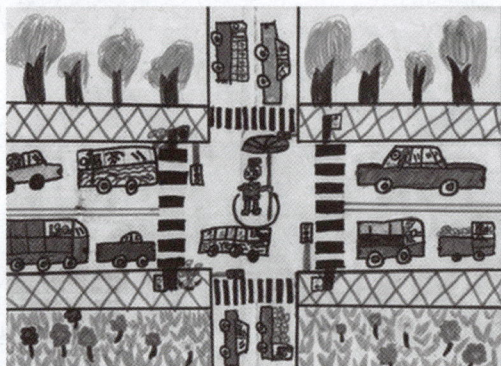

违规处罚

① 记分：**2 分**。

② 罚款：**100 元**。

③ 其他：无。

违规危害指数

★ ★ ★ ☆ ☆

5. 该交替通行没有交替通行

交替通行是在某些特殊路段必须遵守的通行方式，目的是保持交通秩序和保证交通安全。有两种情形需要交替通行：一是在没有交通信号灯、交通标志、交通标线或者交警指挥的交叉路口，遇到停车排队等候或者缓慢行驶时，机动车要依次交替通行；二是在没有交通信号灯、交通标志、交通标线或者交警指挥的交叉路口，遇到停车排队等候或者缓慢行驶时，机动车要依次交替通行。

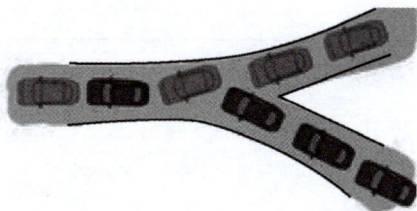

违规处罚

① **记分：** **2分**。

② **罚款：** **100元**。

③ **其他：** 无。

违规危害指数

★★☆☆☆

6. 遇放行信号不依次通过路口

通过路口遇放行信号，应该按顺序通过路口，不等不抢，依次通过。要注意的是，机动车通过有交通信号灯控制的交叉路口，遇放行信号时，应当让先于本放行信号放行并已进入路口的车辆先行。通过路口遇放行信号不依次通过，是要被处罚的。

违规处罚

① 记分：**2 分**。

② 罚款：**100 元**。

③ 其他：无。

违规危害指数

★ ★ ☆ ☆ ☆

7. 遇停止信号停在停止线内

通过路口遇停止信号时，停在停止线以内或路口内的，要受到处罚。这不包括黄灯亮时，因来不及刹车而越过停止线将车停在停止线内。

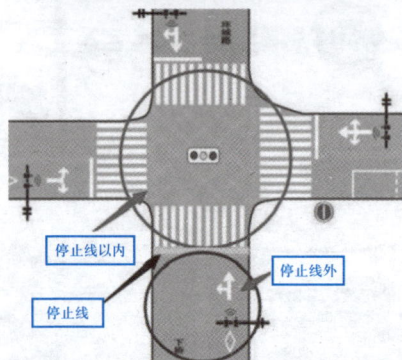

停止线以内

停止线

停止线外

违规处罚

① **记分：** **2 分**。

② **罚款：** **100 元**。

③ **其他：** 无。

违规危害指数

★★☆☆☆

九、事故后处理不妥当

1. 逃逸并构罪，终身禁驾

造成交通事故后逃逸，构成犯罪的，将被终身禁驾。

事故当事人认为自己没有责任而驶离现场、报案后不履行现场听候处理义务、弃车离开事故现场后又返回等8种情况，将被认定为交通肇事逃逸。

（1）明知发生交通事故，交通事故当事人驾车或弃车逃离事故现场的。

（2）交通事故当事人认为自己对事故没有责任，驾车驶离事故现场的。

（3）交通事故当事人有酒后和无证驾车等嫌疑，报案后不履行现场听候处理义务，弃车离开事故现场后又返回的。

（4）交通事故当事人虽将伤者送到医院，但未报案且无故离开医院的。

（5）交通事故当事人虽将伤者送到医院，但给伤者或家属留下假姓名、假地址、假联系方式后离开医院的。

（6）交通事故当事人接受调查期间逃匿的。

（7）交通事故当事人离开现场且不承认曾发生交通事故，但有证据证明其应知道发生交通事故的。

（8）经协商未能达成一致或未经协商给付赔偿费用明显不足，交通事故当事人未留下本人真实信息，有证据证明其是强行离开现场的。

以上 8 种行为可以认定为交通事故逃逸行为，并在一些情况下可以追究肇事者的刑事责任。

违规处罚

① **记分：** **0 分**。

② **罚款：** **协商或裁定**。

③ **其他：** 吊销当事人驾驶证，对其终身禁驾。

违规危害指数

★ ★ ★ ★ ★

2. 肇事并构罪，触犯刑法

交通肇事罪，是指违反交通运输管理法规，因而发生重大事故，致人重伤、死亡或者使公共财产遭受重大损失的行为。

交通肇事罪与交通事故中意外事件的区别：二者区别的关键在于行为人主观上是否具有过失。主观上有过失，则构成交通肇事罪；行为人由于不能预见、不能抗拒、不能避免的原因引起交通事故，则不存在罪过，不能认定为犯罪。

违规处罚

① **记分：0 分**。

② **罚款：协商或裁定**。

③ **其他：** 吊销当事人驾驶证，对其终身禁驾。

违规危害指数

★★★★★

3.逃逸未构罪，拘留 15 日以下

造成交通事故后逃逸，尚不构成犯罪的，指逃逸后，未造成人员重伤也未造成 30 万元以上的财产损失就不构成犯罪；反之，造成一人以上重伤或造成的财产损失达到 30 万以上就构成了犯罪。

在道路上发生交通事故，车辆驾驶人应当立即停车，保护现场；造成人身伤亡的，应当立即抢救受伤人员，并迅速报告执勤的交通警察或公安机关交通管理部门，主动接受调查处理，不得逃避。法律法规规定，保护事故现场、抢救伤员、及时报警并主动接受公安机关的调查处理，是事故车辆驾驶人应尽的法定义务。故认定是否构成逃逸，应当围绕肇事者在肇事后是否履行了法定义务作为考量对象。

违规处罚

① **记分：** **12 分**。

② **罚款：** **2000 元**。

③ **其他：** 可以对当事人并处拘留 15 日以下。

违规危害指数

★★★★★

4. 对应当自行撤离现场而未撤离的

机动车发生财产损失交通事故，对应当自行撤离现场而未撤离的,交通警察可以责令当事人撤离现场。对未撤离而造成交通堵塞的,交警可以依法给予罚款处罚。未将故障车辆移到不妨碍交通的地方停放的，也会遭受处罚。

违规处罚

① **记分：** **0 分**。

② **罚款：** **200 元**。

③ **其他：** 无。

违规危害指数

★ ★ ★ ☆ ☆

5. 未用专用清障车拖曳转向、照明、信号失效车

在事故发生后，需要牵引车辆的，很多人为了节省拖车费用而叫朋友或熟人的车辆帮忙拖曳。但是，当事故车辆转向、照明、信号装置失效后，就不能用一般车辆拖曳，而必须要专用的清障车拖曳；否则，会遭受交管部门的处罚。

违规处罚

① **记分：** **0 分**。

② **罚款：** **100 元**。

③ **其他：** 无。

违规危害指数

★ ★ ☆ ☆ ☆

6. 因故障等不按规定使用灯光和设置警告标志

　　新的交通法规规定，在道路上因故障、事故停车后，不按规定使用灯光和设置警告标志，一次记 3 分，罚款 200 元。

　　在道路上发生故障或者发生交通事故，妨碍交通又难以移动的，应当按照规定开启危险报警闪光灯并在车后 50 米至 100 米处设置警告标志，夜间还应当同时开启示廓灯和后位灯。

　　在高速公路上发生故障或事故的，要在车后 150 米外设置警告标志。

违规处罚

　　① 记分：**3 分**。

　　② 罚款：**200 元**。

　　③ 其他：无。

违规危害指数

　　★★★☆☆

第1章

第2章

第3章

第4章

第5章

第6章

第7章

第6章
行车雷区（2）：高速公路上千万不能这样走

高速公路在给行人节省时间的同时，也因其带来的高惯性而潜伏着巨大的安全隐患。高速公路上的车辆时速都在90公里左右，一旦出现紧急状况，极易造成追尾。因此，高速公路上出现的交通事故通常都为大型交通事故。高速公路上，常见的违法行为必须杜绝，以下行为，您可千万不能有哦。

一、违反高速公路行驶安全要求

1. 在高速公路上行驶时不系安全带

按照新交规，驾驶机动车在高速公路或者城市快速路上行驶时，驾驶人未按规定系安全带的，一次记2分。新交规的这条规定只针对驾驶人，而且前提是"在高速公路或者城市快速路上行驶时"，对副驾驶座位上的乘客没有具体要求。而《道路交通安全法》第五十一条规定："机动车行驶时，驾驶人、乘客应当按规定使用安全带。如果违反，则处警告或者5元以上50元以下罚款。"因此，副驾驶座位上的乘客没系安全带，不会处罚驾驶人，而是处罚乘客。

违规处罚

① **记分：** 2 分。

② **罚款：** 50 元。

③ **其他：** 无。

违规危害指数

★★★☆☆

2. 在高速上驾车时拨打、接听手持电话

新交规中，明确提及"驾驶机动车有拨打、接听手持电话等妨碍安全驾驶的，一次记 2 分"。严格来说，吸烟也是妨碍安全驾驶的行为，也应当参照此条例来施行。

很多驾驶人关心未按规定系安全带、驾车拨打电话等违法行为，会不会被摄像头拍下来处罚。这些违法行为，路口的摄像头均能拍到。不过，目前暂不将摄录作为处罚的依据，而是采取现场处罚形式，交警将在上路执勤时进行纠违。

违规处罚

① 记分：**2 分**。

② 罚款：**50 元**。

③ 其他：无。

违规危害指数

★★★★☆

3. 发生事故未按规定使用危险报警闪光灯

车辆在高速公路上发生事故或出现故障时，应立即开启危险报警闪光灯，设法将车辆停在路肩、紧急停车带等安全地段，并设置停车警告标志、打求救电话、报警，驾乘人员不要留在车内或在车辆附近逗留，迅速退到护栏以外等安全地带等待救援。

要注意的是，应该在车身后 150 米处设警示标志牌。更加保险的方法是，多拿些颜色鲜艳的物品，每隔一段距离就放置一个警示标志，为事故车围出一个隔离带。

驾驶一辆时速 100 公里的小轿车，从眼睛发现情况，到大脑作出判断，再反应到刹车制动，生理上的反应时间是 1.7 秒左右。而这时你的车已经前行了 47 米。车辆制动又需要一定的时间和距离。因此，警示标志设置的最短距离是事故现场来车方向 150 米外。

违规处罚

① **记分：** 3 分。

② **罚款：** 200 元。

③ **其他：** 无。

违规危害指数

★★★☆☆

4. 从匝道进出高速公路未按规定使用灯光

匝道是高速公路上最危险的地方。匝道出事故，多数是不打转向灯造成的。所以，车辆进入和驶离匝道，必须要提前打转向灯，这样是给后车一个信号，说明你要进入高速公路或者你要离开高速公路了。如果司机不打灯突然变道进入匝道，刚好后车又没有保持安全距离，很可能就会造成事故。而对于进入和离开匝道未按规定使用灯光的处罚标准也是不同的，对于驶离高速公路未打转向灯，是处罚 200 元；而进入高速公路未打转向灯，则是处罚 100 元。

违规处罚

① **记分：** 1 分。

② **罚款：** 100 ~ 200 元。

③ **其他：** 无。

违规危害指数

★★☆☆☆

5.发生故障或事故后，车辆驾乘人员未迅速转至安全区

在高速公路上发生碰撞事故后，无论事故严重与否，最重要的事情都是将车内人员转移到安全地带，如：右侧波型防撞板以外的路肩上或者高速公路中间的隔离带内。因为后车不一定能够及时刹车，由于二次事故造成车内人员伤亡的案例不在少数。

如果发生的是剐蹭等轻微事故，双方权责明确，应该及时将车停到安全地带，如紧急停车带、硬路肩、右侧车道内，待车停稳后，应该立即熄火拉上手刹，开启危险警报灯。而如果事故较为严重，开启危险警报灯后车内人员撤离是最重要的。

违规处罚

① **记分：** **0分**。

② **罚款：** **50元**。

③ **其他：** 无。

违规危害指数

★★☆☆☆

第1章
第2章
第3章
第4章
第5章
第6章
第7章

6. 在高速公路上违反规定拖曳故障车、肇事车

机动车在高速公路上发生故障或者交通事故，无法正常行驶的，应当由救援车、清障车来拖曳、牵引。也就是说，要由救援车、清障车来拖曳、牵引，而不是由同行的机动车来拖曳、牵引。

违规处罚

① 记分：**0 分**。

② 罚款：**100 元**。

③ 其他：无。

违规危害指数

★★☆☆☆

7. 实习期上高速公路无陪驾的

根据"123 号令"第六十四条第一款规定，机动车驾驶人初次申请机动车驾驶证和增加准驾车型后的 12 个月为实习期（即驾驶证正本"初次领证日期"之日起的 12 个月内）；实习期被延长的，"初次领证日期"之日起的 24 个月为实习期。

"123号令"第六十五条第二款规定：驾驶人在实习期内驾驶机动车上高速公路行驶，应当由持相应或者更高准驾车型驾驶证3年以上的驾驶人陪同。陪同的驾驶人应乘坐在副驾驶位置，对实习驾驶人进行指导。无驾驶员陪同或陪同驾驶员不符合要求的，将被处200元罚款。

违规处罚

① **记分：** **0分**。

② **罚款：** **200元**。

③ **其他：** 无。

违规危害指数

★★★☆☆

8.设计最高时速低于70公里的机动车进入高速公路

高速公路，顾名思义是高速行驶的道路，所以对进入高速公路的车辆有严格的限制。要求行人、非机动车、拖拉机农用运输车、电瓶车、轮式专用机械车、全挂牵引车，以及设计最高时速低于70公里的机动车辆，不得进入高速公路。另外，实习驾驶员不准单独驾驶车辆进入高速公路。

第1章

第2章

第3章

第4章

第5章

第6章

第7章

违规处罚

① **记分**：**3 分**。

② **罚款**：**50 元**。

③ **其他**：无。

违规危害指数

★★★☆☆

二、违反高速公路行驶规定

1. 在高速公路正常的情况下以低于规定的最低时速行驶

十次车祸九次快，超速行驶是事故的罪魁祸首，这一点勿庸置疑。但高速公路上的"乌龟车"也会导致恶性交通事故，似乎很多人没有意识到。

《中华人民共和国道路交通安全法实施条例》第七十八条规定，高速公路应当标明车道的行驶速度，最高车速不得超过每小时 120 公里，最低车速不得低于每小时 60 公里。高速公路上行驶的小型载客汽车最高车速不得超过每小时 120 公里，其他机动车不得超过每小时 100 公里，摩托车不得超过每小时 80 公里。同方向有 2 条车道的，左侧车道的最低车速为每小时 100 公里；同方向有 3 条以上车道的，最左侧车道的最低车速为每小时 110 公里，中间车道的最低车速为每小时 90 公里。道路限速标志标明的车速与上述车道行驶车速的规定不一致的，按照道路限速标志标明的车速行驶。在高速公路正常的情况下以低于规定的最低时速行驶的，记 3 分，罚款 200 元。

违规处罚

① **记分：3 分**。

② **罚款：200 元**。

③ **其他：**无。

违规危害指数

★★★☆☆

2. 高速公路上未减速通过施工作业路段

施工作业路段因道路变窄，只有部分车道供通行，机动车通过时应当注意警示标志，控制车速，掌握好方向盘，听从施工人员的指挥减速行驶；无人指挥时，应遵照标牌指示行车，夜间行车时，要注意红灯标识。在高速公路上通过施工作业路段时，要减速行驶。

违规处罚

① **记分：** **0 分**。

② **罚款：** **200 元**。

③ **其他：** 无。

违规危害指数

★ ★ ★ ☆ ☆

3. 在高速公路上不按规定超车

机动车在高速公路上需要超车时，必须提前开启左转向灯，夜间还须变换使用远、近光灯，确认与要进入的超车道前方车辆以及后方来车均有足够的行车间距后，再驶入需要进入的车道。超车时只允许使用相邻的车道。驶入超车道的机动车在超车后，应当立即驶回行车道。不准在匝道、加速车道或者减速车道超车，不准右侧超车，不得超速超车。

很多人知道，高速公路一般情况下在最左侧车道进行超车，但如果最左侧车道有车辆龟速占道就不知道如何超车了——能不能选用其他车道进行超车呢？原则是肯定不行，因为任何时候从右侧超车都是违规的，但可以曲线救国：先右侧并线，至右侧车道，再伺机变回来。这和右侧超车不同的是，从左侧并至右侧车道后，不能马上又并至左侧车道，必须在右侧车道行进足够的距离才属于并道行为。

违规处罚

① **记分：2 分**。

② **罚款：100 元**。

③ **其他：**无。

违规危害指数

★★★☆☆

4. 低能见度条件下不按规定行驶

机动车在高速公路上行驶，遇有雾、雨、雪、沙尘、冰雹等低能见度气象条件时，应当遵守下列规定：

（1）能见度小于 200 米时，开启雾灯、近光灯、示廓灯和前后位灯，车速不得超过每小时 60 公里，与同车道前车保持 100 米以上的距离。

（2）能见度小于 100 米时，开启雾灯、近光灯、示廓灯、前后位灯和危险报警闪光灯，车速不得超过每小时 40 公里，与同车道前车保持 50 米以上的距离。

（3）能见度小于 50 米时，开启雾灯、近光灯、示廓灯、前后位灯和危险报警闪光灯，车速不得超过每小时 20 公里，并从最近的出口尽快驶离高速公路。

在高速公路上遇到低能见度气象条件时，应该注意公路管理部门通过显示屏等方式发布的速度限制、保持车距等提示信息。

违规处罚

① 记分：**6 分**。

② 罚款：**200 元**。

③ 其他：无。

违规危害指数

★★★☆☆

5. 从匝道进入高速公路时妨碍已在路内正常行驶的车辆

驾驶机动车从匝道驶入高速公路，在高速公路三角地带开启左转向灯，注意观察行车道内的车辆，正确选择汇入行车道的时机，在不妨碍已在高速公路内的车辆正常行驶的情况下驶入加速车道。

违规处罚

① 记分：**0 分**。

② 罚款：**100 元**。

③ 其他：无。

违规危害指数

★★☆☆☆

6. 高速公路上倒车、逆行和穿越中央分隔带调头

在高速公路上开车，最怕走过头。走过头该怎么办？有一些人，喜欢在高速公路上倒车，甚至逆向行驶。这种情况很危险。为此，公安部 123 号令也规定，在高速公路上倒车、逆行、穿越中央分隔带调头的，一律记 12 分。

高速公路上倒车，往往发生在匝道上，匝道也属于高速公路的一部分，且是单车道转弯，严禁超车、倒车。

违规处罚

① **记分：** **12 分**。

② **罚款：** **200 元**。

③ **其他：** 无。

违规危害指数

★★★★☆

7. 高速公路上试车

还有些驾驶人把刚修好的车开到高速公路上试车，这种行为是道路交通安全违法行为。《中华人民共和国道路交通安全法实施条例》

第八十二条规定，在高速公路上不得有试车或者学习驾驶机动车的行为。因此，按照规定，对实施这两种违法行为的，处警告或者 20 元以上 200 元以下罚款。在高速公路上试车的，一次记 6 分。

违规处罚

① **记分：** 6 分。

② **罚款：** 20 ~ 200 元。

③ **其他：** 可以暂扣涉事车辆，对当事人实行拘留。

违规危害指数

★★★★☆

三、不在规定车道内行驶

1. 高速公路上骑、轧车道分界线

高速公路上有隔离带，应各行其道。骑、轧车道分界线，是指长时间压车道分界线行驶；超车等变更车道而越过车道分界线，是短时间。

长时间骑、轧车道分界线的违规行为

违规处罚

① 记分：**0 分**。

② 罚款：**200 元**。

③ 其他：无。

违规危害指数

★ ★ ☆ ☆ ☆

2. 高速公路上，不按规定车道行驶

高速公路沿车辆行驶方向最右侧为应急车道，其他车道为行车道。车辆应当根据自身车型及行驶速度来使用相应的行车道。同方向只有 2 条行车道的，货运汽车可以临时借用左侧车道超越前车。

驾驶机动车在高速公路、城市快速路以外的道路上不按规定车道行驶的，罚款 100 元，不记分。在高速公路或者城市快速路上不按规定车道行驶的，还需记 3 分。

违规处罚

① **记分：** 3 分。

② **罚款：** 100 元。

③ **其他：** 无。

违规危害指数

★★☆☆☆

3. 在高速公路路肩上行驶

路肩

　　驾驶员往往不知道路肩和紧急停车道有什么区别。路肩指公路两侧由路面边缘到路基边缘的部分（包括土路肩和硬路肩）。路肩是与行车道连接在一起，作为路面的横向支撑，可供紧急情况下停车或堆放养路材料使用，并为设置安全护栏提供侧向净空，还能提供行车安全感。路肩必须具有足够的稳定性和一定的横坡，以排除行车道路面的积水。还有一个作用是用作路基的护坡，防止路基塌陷。

高速公路硬路肩所起的作用是保证行车道宽度和紧急停车用，在高速公路上不允许车辆在硬路肩上行驶，位于最靠右边的那一条。

路肩在正常情况下是不准行车的，只有在紧急情况下才可以通行。一般在发生事故时让警车、救护车、拖车通行或暂时停事故车，其他车辆在警察指挥下才可以通行，所以路肩叫紧急停车带或紧急行车道都没错。

违规处罚

① **记分：** **0 分**。

② **罚款：** **200 元**。

③ **其他：** 无。

违规危害指数

★★☆☆☆

4. 非紧急情况下在应急车道上行驶

　　高速公路应急车道是在高速公路上设置的供通行车辆遇到紧急情况时临时停放、等待救援或者遇有交通事故等突发事件造成交通中断，保障交通警察、消防及救援车辆赶赴现场的应急通道。应急车道在遇有交通事故等突发事件造成交通中断等情况时，对抢救伤员、快速处置事故现场、保证及时恢复通车发挥着重要作用，是高速公路的"生命通道"。

　　一般认为，"紧急情况"包括两种情形：一是机动车发生交通事故或者故障，确需停车等待救援时，可以在应急车道内临时停放；二是供警车、消防车、救护车、工程救险车在执行紧急任务时使用。

违规处罚

　　① 记分：**6 分**。

　　② 罚款：**200 元**。

　　③ 其他：无。

违规危害指数

　　★★★☆☆

5. 在高速公路上遇交通拥堵时占用应急车道行驶

　　违法占用应急车道的行为主要有 4 种形式：借道应急车道行驶，路堵时在应急车道上排队等候，非临时紧急特殊情况下在应急车道上停车，以及骑压应急车道和行车道分界线行驶。

　　如果遇到交通管制时，车主不听从现场民警劝阻，强行占用应急车道，就不仅仅是违法占用应急车道了。对此，警方可按机动车违反交通管制规定强行通行的违法行为处罚，即处 1000 元以上 2000 元以下罚款，可并处 15 日以下拘留。

违规处罚

① **记分：** **3 分**。

② **罚款：** **1000 ~ 2000 元**。

③ **其他：** 无。

违规危害指数

★ ★ ★ ☆ ☆

四、高速公路上违规停车

1. 驾驶营运客车以外的机动车在高速公路行车道上停车的

高速公路上是不能随意停车的，但由于机动车驾驶人无视道路交通安全法律法规的规定，一方面机动车驾驶人、乘坐人不到服务区内上厕所，在高速公路上随意停车，寻找方便；另一方面在高速公路上发生交通事故后或车辆出现机械故障后，未按规定打开危险报警闪光灯，并且未按规定距离设置警告标志，引发次生交通事故。

违规处罚

① 记分：**6 分**。

② 罚款：**200 元**。

③ 其他：无。

违规危害指数

★★★★☆

2. 非紧急情况在应急车道停车

在高速公路上行驶的过程中，若在非紧急情况下，有占用应急车道的行为，一经查获，将罚款 200 元，记 6 分。高速公路应急车道：用于机动车辆发生故障、交通事故时，停车及专为救险所用的车道。除了执行紧急任务的警车、工程救险车、救护车、消防车之外，其他的机动车辆，都不能进入应急车道内行驶、停车。

由于高速公路上车速快，在应急车道违法停车的话，很容易导致交通事故发生，若发生交通事故的话，后果将不堪设想。

违规处罚

① **记分：6 分**。

② **罚款：200 元**。

③ **其他：** 无。

违规危害指数

★ ★ ★ ☆ ☆

3. 营运客车在高速公路车道内停车

应急车道主要在城市环线、快速路及高速公路两侧施划，专门供工程救险、消防救援、医疗救护或民警执行紧急公务等处理应急事务的车辆使用，任何社会车辆禁止驶入或者以各种理由在应急车道内停留。

高速公路上上下车是非常危险的行为，危及众多人的生命安全，新交规记分也提高至12分

违规处罚

① **记分：** 6 分。

② **罚款：** 200 元。

③ **其他：** 无。

违规危害指数

★★★★☆

4. 导流线内停车，严重的交通违法行为

导流线

　　高速公路匝道口处 V 形划线区域，有一个或几个根据路口地形设置的白色 V 形线或斜纹线区域，它是提醒高速行驶的车辆进入相应的直行车道或出口车道而设置的标线，驾驶员必须按规定的路线行驶，不得压线或越线行驶。该区域所标示的是导流线而不是"停车带"。

　　导流线内禁止停车，是严重的交通违法行为。将车停在导流区域内，这样容易被后方来车碰撞追尾酿成悲剧。并且，这样的停车也是严重的交通违法行为，依据"新交规"关于违反禁令标志和禁止标线指示的，将会被罚款 200 元、记 3 分。

违规处罚

　　① **记分：** 3 分。

　　② **罚款：** 200 元。

　　③ **其他：** 无。

违规危害指数

　　★★★★☆

第 7 章

思维雷区：开车一定不能麻痹大意

要想不被记分，除了要熟知交通法规外，还要有较高的防范意识和良好的心理素质。记分只是手段，保障自己和他人的出行安全才是目的，我们可都要争做文明、安全驾驶员哦，跟着小编一起学习吧。

1. 学习新交规，懂规矩才能不记分

新交规被称为"史上最严交规"，驾驶人要清楚地认识到，违反新交规是非常危险的，不但要被记分，严重的还可能触犯刑律。所以，驾驶人应重视并经常开展新交规的学习和培训，对典型的交通事故案例进行解剖，以提高防范意识和能力，增强遵守交通法规的自觉性。

在行车中，如果出现险情或事故后，驾驶人要冷静地客观地分析自己的操作是否有问题，而不要一味地强调他人的错误。注重培养自己的安全意识，例如，上车就系安全带，严格按照规定限速行驶等。这样，就减少驾照被记分的机率。

2. 驾驶人要了解自己的性格

据最新的交通心理学研究显示，人的心理状态对交通隐患的影响非常重要，不同气质类型的司机交通事故发生率也不同，胆汁质的人被认为是"马路第一杀手"。

在对重大交通事故进行分析时，人们往往更注重驾驶人的技术和对交通规则的遵守，而忽略了心理因素的作用，人的心理状态对交通安全隐患的影响很重要。

驾车当中，争强好胜的超越心理，生活中压力积聚的挫败感和一些无意识驾车的心理状态，都比较容易造成交通事故。这些心理情绪的形成，与人的个性心理特征又密切相关。

心理学中将人分为 4 种气质类型：多血质、黏液质、胆汁质、抑郁质。气质是典型的、稳定的个性心理特征。据相关调查发现，发生重大交通事故的司机，大多是胆汁质的人。作为驾驶人，如能充分地了解自己的性格特质，适度地调整心理状态，就能避免不必要的交通事故。

3.克服紧张心理才安全

刚接触驾驶的学员们，都会或多或少地对驾驶产生一定的紧张心理，甚至恐惧的心理，因为第一次面对驾驶，心理不免会紧张会兴奋，当然，这些心情对驾驶都是非常不利的，那么我们在驾驶时该如何调整这样的心情呢？怎样做，才会克服紧张的心理呢？

首先是态度，接纳自己的紧张情绪，是因为初驾不熟练，心里没底才产生了这种情绪，并且每位初驾学员都会有这样的一个紧张情绪的过程，不必害怕、焦虑。要明白，随着自己越来越熟练，这种心理状态也会由不熟练的紧张到熟练之后的放松，一点点熟练，紧张情绪也会一点点放松。另外，就是要对自己有信心，相信自己会越来越熟练的。

驾车前，应做好心理准备，尽量放松，只有放松下来，身体的驾驶操作与思维的判断才能灵活地配合。

驾车要胆大心细，急躁不得。情绪急躁，容易顾此失彼，造成操作失误。应该不急不躁，看清情况，能走时不延误，不能走时不乱来。

每位驾驶人都是从"新手"走过来的，开车本来就是"熟练工种"，只要胆大心细，注意认真解决遇到的问题，就会很快告别新手的行列。

4. 开车要有胸怀，杜绝报复心理

驾驶人违法肇事，除人、车、路等外部环境及不可抗力等因素影响且"人为"无可避免外，大多受不良心理障碍的"作祟"，在行车过程中做出一些错误反应和失误的判断。

报复心理在某些驾驶人身上表现得比较突出，容易使其丧失自控能力。从而导致交通事故的发生，以及影响到驾驶人的身心健康。

有的驾驶人遇到不讲交通规则的行人或车辆占道后，经多次鸣笛，对方不理，便想报复，在逼近对方时，嘴里骂骂咧咧，同时做点小动作，企图吓唬对方或迫使对方吃点亏。这就是人们常说的"甩屁股"现象，即在超车时，一旦有机会超越前车，便急忙加速，待前车车头与自己后车厢并列时，便加大油门超越。而后猛向右一把方向再向左猛打一把，使自己车尾猛地甩向原前车车头。这样，对方的车头要么撞到自己的后车厢，要么就会为躲避自己而驶上人行道或掉进路外水沟或田地，发生事故。

产生报复心理的原因是有些驾驶人心胸狭窄，缺乏修养，争胜好强。因此，为了行车安全，驾驶人应加强个人修养，使自己襟怀宽阔，杜绝开斗气车，开英雄车。

5. 检查一下你有没有"路怒症"

"路怒"一词被收入新版牛津词语大辞典，可见这一现象，在世界范围内的流行。据某个权威机构调查，有 60% 的有车族患有"路怒症"，平时情绪不稳定，性格急躁的开车族，容易患"路怒症"。这已经成为一种常见的汽车综合症。亲爱的驾驶人朋友们，检查一下你有"路怒症"吗？

具有以下症状的驾驶人，就可加入"路怒一族"，要注意调节心态了：

症状一：开车"骂人"成常态。

症状二：驾车情绪容易失控，一遇堵车或碰擦就有动手冲动。

症状三：喜欢跟人"顶牛"。

症状四：开车时和不开车时，脾气、情绪像两个人。

　　患了"路怒症"的司机，控制不了自己的情绪。如果平时就情绪不稳定，性格急躁、外向，具攻击性等人群，极易患上"路怒症"。

　　"路怒一族"是一种心理问题，通过自我调节可以改善。开车族要学会自我心理调节，心情激动时不宜驾车。越是容易情绪化的人，越应该注意驾车时的心理平衡。平时，可以通过打球、唱歌、听舒缓的音乐，多参加体育锻炼来释放情绪。同时，要学会换位思考，看到别人开车乱并线，可以理解成他要急着上班，而不是恶意挑衅。如果连续两周有严重的情绪失控、失眠、食欲不振等症状，应引起足够重视；否则，就有可能上升为心理疾病。

6. 不要把坏心情带给方向盘

　　驾驶人应加强情绪、心理稳定的调节，克服急躁、松懈、悲哀、霸道、攻击、惊恐等不良情绪，积极坦然地对待周围的人和事，避免过激的心理活动，这样就容易规范驾驶行为。

　　上车前如果情绪不好，要学会为自己减压，不要在情绪不稳时开车，把坏心情带给无辜的方向盘。因为人在情绪不稳定的时候，往往会注意力不集中、反应迟钝，在发生意外情况时不能很好地做出反应。另外，出车前要想想有无遗忘的东西，避免因匆忙出门而导致的不安情绪。

　　上车后如果心情还是不好，就应尽量集中注意力去观察路面情况，不要再想那些烦心的事。否则，就很容易分神而出现判断失误的现象。

　　行车途中尽量避免和他人争吵，争吵的结果只能让自己的情绪变糟，在气愤和烦躁的情绪里开车，很容易违规和引发交通事故。

7. 赶走坏心情，开心开车才安全

　　当驾驶人感到焦急、烦躁、愤怒、郁闷时，不妨听听音乐，或发发牢骚，这些都是消除不良心态的好办法。专家指出，开车上路消除不良心态，避免坏情绪伴随的方式有很多种。驾驶人一旦觉得心烦气躁，不妨尝试以下比较有效的方法：

　　（1）多做几次深呼吸。

第1章　第2章　第3章　第4章　第5章　第6章　第7章

（2）试着与前行车辆保持一定的车距。

（3）开窗让新鲜空气进入车内。

（4）听收音机或听比较轻松的音乐。

（5）将车停在路边稍事休息。

（6）有心事时打个电话给好友倾诉一下，心情舒畅后再上路。

（7）车上放一张爱人或家人幸福的小照片，不开心的时候看一看。

8. 以良好心态正视交通现状

对驾驶人来说，要正视交通现状，不要盼望奇迹，指望糟糕的路况会在一朝一夕得到改变。

所以，要在出门前做好堵车的心理准备，坦然面对糟糕的路况。如果害怕堵车，就早出门，或者换乘轻轨等其他交通工具。如果心存侥幸，盼望每次出行都畅通无阻，那么心里添堵的情况就会天天出现。开车遇到交通阻塞时，如果有急事的话，可在阻塞前一个路口停车，先探明情况，有绕行道路，一般可绕道行驶。如果是暂时阻塞，要依顺序停车，并服从交通管理人员的指挥。

遇到堵车，驾驶人应学会放松自己的心情，千万别再堵心。

（1）改变对堵车的看法，想想堵车正好可以让忙碌的自己暂时休息一下。

（2）看看身边的车，尽量开导自己，有这么多人在陪着呢，不是你一个人在跟堵车战斗。

（3）不要在脑海里总是想象堵车的后果，如迟到的情景或扣奖金的后果等。

（4）设想一些积极的使自己感兴趣的事情，让头脑放松下来。

（5）烦躁时听点舒缓流畅的音乐。

（6）将车窗打开，呼吸一下外面的新鲜空气，看看车窗外的风景。

（7）打打电话，哼哼小曲，或者活动一下身体，扭扭脖子，伸伸胳膊。

（8）在特别烦躁不安时，紧握拳头，并绷紧胳膊，体验上肢有紧张的感觉，然后突然把拳头放开，体会手臂的沉重、无力和放松。

反复做几次，身体的放松会带来精神的放松。

（9）体谅前面驾驶人的感受，不要在前车不动时焦急地按喇叭，让彼此的烦恼升级。

（10）注意不要心不在焉，前面的车随时都有可能开动。

9. 遭遇矛盾，运用"深""离""转""回"

驾驶人的压力大是不言而喻的，首先是路况的拥挤，特别是上下班高峰期，其次是来自家庭及工作的生存压力。压力大了，就很容易与他人发生矛盾。因此，驾驶人在与他人发生矛盾时，可通过"深""离""转""回"的方法来给自己减压。

- 深——深呼吸一下，尽量让自己激愤的情绪平缓下来。
- 离——离开矛盾现场，尽量不去激化矛盾。
- 转——转移注意力，去想一些能让自己开心的事。
- 回——回到现场，最后心平气和地解决问题。

10. 排除干扰，专心驾车

有的驾驶人遇到肇事或有热闹的路段时，常常在好奇心的驱使下停车观看，好多起事故都发生在停车看热闹的驾驶人身上。开车上路，一定要牢记这样一句话："当你满足好奇心时，也是危险离你最近时！"

开车时要集中精力，把那些无关的事都高高挂起。无论是遇到打架还是交通事故或者是商场促销，都不要好奇观望，应尽快离开。因为，这时后车或旁车的驾驶人及行人如果也心不在焉或者来不及反应，你的车就可能成为下一个供人观看的热闹。

11. 出车前对车做安全检查

为了使出行安全和顺利，驾驶人在出行前应做一些必要的检查。

（1）做好出行前的车辆安全检查。

（2）检查各证件是否携带齐全。

（3）检查随车附件，包括备胎、千斤顶、灭火器、随车工具等，是否齐备、完好。

起步前应绕车一周看看。至于如何绕车，这要根据驾驶人和车辆之间所处的位置以及起步后车辆的走向来决定。绕行查看的目的：一是查看车门是否关严；二是查看车辆周围有无依附物；三是查看车身是否端正和各轮胎气压是否正常；四是查看车底有无玩耍的小孩或其他小猫小狗；五是查看车牌是否干净，有无遮挡。

如果你处在车的左侧且起步后要前进，就从车前绕到车右再到车后，最后绕至左门；人、车位置保持不变，如果起步后要倒车，就要从车后绕到车右再到车前，最后绕至左门。如果你处于车的右侧，起步后是要前进，就要从车前绕至车的左门。人、车位置不变，如果起步后要倒车，就要从车后绕至左门。

12. 提前规划行进路线

城市地大面广，大路小路纵横交错，胡同小道拐弯抹角。开车前，驾驶人要想好自己去的目的地，先在脑海里过好最佳线路，免得绕冤枉路。

道路比较生疏时，要提前向熟悉的人员请教。最好找一张城市的道路交通图，预先规划到达目的地的便捷路线。线路的注意重点应放在几个必经的交叉路口，且对路口的去向、地名进行标注，以免在大方向上出现问题。进入城市后，要注意交通指挥信号和各种标志、标线，防止闯入单行线。不熟悉的地方，再看看地图，免得绕路，也为减少城市拥堵做一份贡献。临近目的地时，注意重点放在小街路口和胡同口，以便找准位置。

13. 改掉抢黄灯的习惯

根据新交通法规规定，闯黄灯属于不按交通信号灯指示通行的违法行为，一次记 6 分。

黄灯亮时，只要机动车车身任何一部分已越过停止线的，车辆可继续通行，不认定为闯黄灯。已越过停止线的车辆可继续通行，未越过停止线的车辆要停止通行。在车辆正常行驶过程中，只要驾驶人注意力集中，与前车保持安全距离，行经交叉路口时减速慢行、谨慎驾驶，"抢黄灯"是可以避免的。

14. 记住电子警察

在城市行车时，别以为没有亲眼看见警察在值勤就轻举妄动。要记住，有电子警察在 24 小时眼睛不眨地盯着呢，千万不要心存侥幸。

驾驶人在心中要时刻装有交通警察，提醒自己不违法。出车前，对自己所经过的地方有一个基本的了解，在脑子里勾勒出一张行车路线图，心里有谱才会少许多违法行为，如哪儿是单行线、禁行线等。不要因小失大，例如，为了省几元钱存车费而将车停在路边，被抓住就会被罚款或记分，被拖走就要交拖车费和停车费，算来算去都是得不偿失。不要怕麻烦，例如，走错路后为了省去必须到前面调头或绕圈子的麻烦，强行转弯或直行，结果被电子警察捕捉到，记分又罚款，还要跑交通队和银行，麻烦就大了。

不妨安装电子导航仪。当路过有电子警察值勤的路段时，它会提醒你注意安全。

15. 不抢 2 秒，安全行车到老

由于绿灯将要亮时，电子警察会提前 2 秒关闭系统，防止误拍，因此在红灯最后 2 秒内闯红灯不会被拍到。一些自作聪明的驾驶人常常利用这 2 秒提前过路口，这样非常危险。因为，另一个方向可能有车正在抢这最后的时刻而不管不顾地快速通过路口，很容易和你的车辆发生碰撞，那时候就不是罚款和记分所能解决的了。因此，千万不要心存侥幸，牢记抢 2 秒的后果会很严重。

16. 防止被电子眼误拍

电子眼采用感应线来感应路面上汽车传来的压力，通过传感器将信号采集到中央处理器，送寄存器暂存，并且该数据在一个红灯周期内有效。在一个红灯周期内，如果同时产生两个脉冲信号，这时就会启动摄像机。也就是说，在红灯期间，如果你的汽车前轮过线了就产生了一个脉冲，等后轮再压线时就会产生第二个脉冲信号，摄像机便会启动拍摄。如果只有前轮压线，而后轮没有过线，在一个红灯期间只产生一个脉冲，电子眼就不会拍摄。因此，在路口即

使前轮过线了，但后轮没过时，电子眼通常会睁只眼闭只眼的，这时只需保持不动就不算违法。如果前轮过线了，怕被电子眼拍到，又倒一下车让前轮回到线内，结果产生了两个脉冲信号，这时电子眼反而会无情地拍到。

17. 电子眼的小聪明不可取

有的驾驶人利用没有交警执勤的机会，看到直行红灯时，就将车驶入右转弯车道，右转弯进入交叉路口，估计已驶出电子警察对准直行路口的区域后，又向左转向进行直行，以此逃避电子警察来闯红灯。要知道，多数备有电子警察的路口均是交通要道，在这些要道口也有整个道口的监控探头，这种逃避电子警察行车的做法极易引起监控人注意，一旦查实后将会重罚。

18. 注意养成良好的停车习惯

随意停车最容易违章，私家车日益增长的今天，停车位置越来越紧张，这也给我们造成很大困扰。停车难，更需要开车人文明开车。按照车位标线停车，才能更大程度地方便他人，才能方便大家驶入驶出。

19. 仔细观察路牌和提示指示标牌

如果想左转却开进了直行车道，很多司机图省事会直接变道，吃罚单就难免了。所以仔细观察，看清楚路牌和地面标志，随时留意摸索和总结，时间长了，自然就驾轻就熟了。

20. 了解行人的心理状态，更有效地通行

琢磨行人的表情，揣摩行人的心态，尤其是在没有交通信号灯和斑马线的路口，对我们车辆的通行有很大帮助。老人会退让；妇女会犹犹豫豫；小孩会勇往直前。另外，走路姿态也很重要，如果身体前倾步频过快，那他一定是在赶时间，这个时候我们就需要避让了。

21. 不看路口标志，闷头往里开

在市区里，最常见的禁令标志主要有：单行线标志、禁止左转标志等。开车时，可得看清楚路口的标志，如果有一辆车被一道红的斜线划掉的标志，那就说明，这条路从这个方向是禁止驶入的，只能从另外一个方向进入。还有许多道路只有高峰时间是禁止左转的，如果在高峰时间闯禁，也会被抓拍下来。

附　录

小客车罚款记分依据和标准速查表

开车上路违反了道路交通规则，驾驶人该接受怎样的处罚？处罚的依据是什么呢？以下是常见记分项目和处罚措施，1分、2分、3分、6分、12分，一个记分周期只有12分，你是否"心中有数"？

1. 记 1 分的违法行为

违法行为简称 违法行为	违法条款和处罚依据	记分 分值	罚款金额 （元）	行政处罚以 及其他措施

注：《中华人民共和国道路交通安全法》简称《法》；《中华人民共和国道路交通安全法实施条例》简称《条例》；《道路交通事故处理程序规定》简称《104 号令》；《机动车驾驶证申领和使用规定》简称《123 号令》；《机动车登记规定》简称《124 号令》。

1. 未放置保险标志 上道路行驶的机动车未放置保险标志的	违反《法》第 11 条第 1 款，《条例》第 13 条第 2 款，据《法》第 90 条处罚	记 1 分	罚 50 元	扣车
2. 未带行驶证 未随车携带行驶证的	违反《法》第 11 条第 1 款，据《法》第 90 条处罚	记 1 分	罚 50 元	扣车
3. 未带驾驶证 未随车携带驾驶证的	违反《法》第 19 条第 4 款，据《法》第 90 条处罚	记 1 分	罚 50 元	扣车

4. 未放置检验合格标志	违反《法》第11条第1款，《条例》第13条第2款，据《法》第90条处罚	记1分	罚50元	扣车
上道路行驶的机动车未放置检验合格标志的				
5. 未按规定使用灯光	违反《条例》第47条、48条第5项、51条第3项、57条、58条、59条第1款、61条第5项，据《法》第90条处罚	记1分	罚100元	
不按规定使用灯光的				
6. 未按规定会车	违反《条例》第48条，据《法》第90条处罚	记1分	罚100元	
不按规定会车的				

2. 记 2 分的违法行为

违法行为简称	违法条款和处罚依据	记分分值	罚款金额（元）	行政处罚以及其他措施
违法行为				

注：《中华人民共和国道路交通安全法》简称《法》；《中华人民共和国道路交通安全法实施条例》简称《条例》；《道路交通事故处理程序规定》简称《104 号令》；《机动车驾驶证申领和使用规定》简称《123 号令》；《机动车登记规定》简称《124 号令》。

1. 驾车使用手持电话	违反《条例》第62条第3项，据《法》第90条处罚	记2分	罚50元	
驾驶时拨打接听手持电话的				
2. 在城市快速道上不系安全带	违反《法》第51条，据《法》第90条处罚	记2分	罚50元	
在城市快速道上行驶时，驾驶人未按规定使用安全带的				

3. 在高速公路上行驶时不系安全带	违反《法》第 51 条，据《法》第 90 条处罚	记 2 分	罚 50 元	
在高速公路上行驶时，驾驶人未按规定使用安全带的				
4. 不按导向车道行驶	违反《条例》第 51 条第 1 项，据《法》第 90 条处罚	记 2 分	罚 100 元	
机动车通过有灯控路口时，不按所需进行方向驶入导向车道的				
5. 未靠路口中心点左侧左转弯	违反《条例》第 51 条第 3 项，据《法》第 90 条处罚	记 2 分	罚 100 元	
左转弯时，未靠路口中心点左侧转弯的				
6. 遇放行信号不依次通过路口	违反《条例》第 51 条第 4 项，据《法》第 90 条处罚	记 2 分	罚 100 元	
通过路口遇放行信号不依次通过的				
7. 遇停止信号停在停止线内	违反《条例》第 51 条第 5 项，据《法》第 90 条处罚	记 2 分	罚 100 元	
通过路口遇停止信号时，停在停止线以内或路口内的				
8. 右转弯通过路口遇排队不依次停车等候	违反《条例》第 51 条第 6 项，据《法》第 90 条处罚	记 2 分	罚 100 元	
通过路口向右转弯遇同车道内有车等候放行信号时，不依次停车等候的				
9. 遇路口交通阻塞未依次等候	违反《条例》第 53 条第 1 款，据《法》第 90 条处罚	记 2 分	罚 100 元	
路口遇有交通阻塞时未依次等候的				

违法行为简称 / 违法行为	违法条款和处罚依据	记分分值	罚款金额（元）	行政处罚以及其他措施
10. 遇排队穿插或超越行驶	违反《法》第45条第1款、《条例》第53条第2款，据《法》第90条处罚	记2分	罚100元	
遇前方机动车停车排队或者缓慢行驶时，借道超车或者占用对面车道、穿插等候车辆的				
11. 遇缓行超越、穿插行驶	违反《法》第45条第1款、《条例》第53条第2款，据《法》第90条处罚	记2分	罚100元	
遇前方机动车停车排队或者缓慢行驶时，借道超车或者占用对面车道、穿插等候车辆的				
12. 驾车时有妨碍安全的行为的	违反《条例》第62条第3项，据《法》第90条处罚	记2分	罚50元	
有其他妨碍安全行车的行为（根据具体行为）				

3. 记3分的违法行为

违法行为简称 / 违法行为	违法条款和处罚依据	记分分值	罚款金额（元）	行政处罚以及其他措施

注：《中华人民共和国道路交通安全法》简称《法》；《中华人民共和国道路交通安全法实施条例》简称《条例》；《道路交通事故处理程序规定》简称《104号令》；《机动车驾驶证申领和使用规定》简称《123号令》；《机动车登记规定》简称《124号令》。

违法行为简称 / 违法行为	违法条款和处罚依据	记分分值	罚款金额	行政处罚
1. 逆向行驶	违反《法》第35条，据《法》第90条处罚	记3分	罚200元	
机动车逆向行驶的				
2. 右侧超车	违反《条例》第47条，据《法》第90条处罚	记3分	罚100元	
从前车右侧超车的				

3. 前车左转弯时超车	违反《法》第 43 条第 1 项，据《法》第 90 条处罚	记 3 分	罚 100 元	
在前车左转弯时超车的				
4. 前车调头时超车	违反《法》第 43 条第 1 项，据《法》第 90 条处罚	记 3 分	罚 100 元	
在前车调头时超车的				
5. 前车超车时超车	违反《法》第 43 条第 1 项，据《法》第 90 条处罚	记 3 分	罚 100 元	
在前车超车时超车的				
6. 有会车可能时超车	违反《法》第 43 条第 2 项，据《法》第 90 条处罚	记 3 分	罚 100 元	
与对面来车有会车可能时超车的				
7. 超越执行紧急任务的车	违反《法》第 43 条第 3 项，据《法》第 90 条处罚	记 3 分	罚 100 元	
超越执行紧急任务的警车、消防车、救护车、工程救险车的				
8. 在超车危险处超车	违反《法》第 43 条第 4 项，据《法》第 90 条处罚	记 3 分	罚 100 元	
在铁路道口、路口、窄桥、弯道、陡坡、隧道、人行横道、交通流量大的路段等地点超车的				
9. 故障车未设置警告标志、使用警示灯光	违反《法》第 52 条、《条例》第 60 条，据《法》第 90 条处罚	记 3 分	罚 200 元	
车辆在道路上发生故障或事故后，妨碍交通又难以移动的，不按规定设置警告标志或未按规定使用警示灯光的				

10. 事故车未设置警告标志和使用警示灯光 车辆在道路上发生故障或事故后，妨碍交通又难以移动的，不按规定设置警告标志或未按规定使用警示灯光的	违反《法》第52条、《条例》第60条，据《法》第90条处罚	记3分	罚200元	
11. 不让行已在路口内的车 准备进入环形路口时，不让已在路口内的机动车先行的	违反《条例》第51条第2项，据《法》第90条处罚	记3分	罚100元	
12. 转弯车未让行直行车、行人 转弯的机动车未让直行的车辆、行人先行的	违反《条例》第51条第7项、第52条第3项，据《法》第90条处罚	记3分	罚100元	
13. 相对行驶右转弯车不让行左转弯车 相对方向行驶的右转弯机动车不让左转弯车辆先行的	违反《条例》第51条第7项、第52条第4项，据《法》第90条处罚	记3分	罚100元	
14. 无灯控、交警指挥路口不按标志、标线让行 机动车通过无灯控或交警指挥的路口，不按交通标志、标线指示让优先通行的一方先行的	违反《条例》第52条第1项，据《法》第90条处罚	记3分	罚100元	

15. 无灯控、交警指挥、标志标线路口不让行右方来车	违反《条例》第 52 条第 2 项，据《法》第 90 条处罚	记 3 分	罚 100 元
机动车通过无灯控、交警指挥、交通标志标线控制的路口，不让右方道路的来车先行的			
16. 不避让特殊车辆的	违反《法》第 53 条第 1 款，据《法》第 90 条处罚	记 3 分	罚 200 元
不避让执行任务的特种车辆的；不避让执行任务的警车；不避让执行任务的消防车；不避让执行任务的救护车；不避让执行任务的工程救险车			
17. 不避让盲人	违反《法》第 64 条第 2 款，据《法》第 90 条处罚	记 3 分	罚 50 元
机动车不避让盲人的			
18. 未按规定检验	违反《法》第 13 条第 1 款、《条例》第 16 条，据《法》第 90 条、《124 号令》第 56 条第 4 项处罚	记 3 分	罚 200 元
机动车未按照规定期限进行安全技术检验的			
19. 违反禁令标志	违反《法》38 条，据《法》第 90 条处罚	记 3 分	罚 200 元
机动车违反禁令标志指示的			
20. 违反禁止标线	违反《法》38 条，据《法》第 90 条处罚	记 3 分	罚 200 元
机动车违反禁止标线指示的			

21. 通过人行横道未减速 行经人行横道，未减速行驶的	违反《法》第47条第1款，据《法》第90条处罚	记3分	罚50元	
22. 未停让人行横道上的行人 遇行人正在通过人行横道时未停车让行的	违反《法》第47条第1款，据《法》第90条处罚	记3分	罚50元	
23. 无交通信号时未避让横过道路的行人 行经没有交通信号的道路时，遇行人横过道路未避让的	违反《法》第47条第2款，据《法》第90条处罚	记3分	罚50元	
24. 设计最高时速低于70公里的机动车进入高速公路 驾驶设计最高时速低于70公里的机动车进入高速公路的	违反《法》第67条、《高速条例》第7条第4项，据《法》第90条处罚	记3分	罚50元	
25. 高速公路上发生事故未按规定使用危险报警闪光灯 机动车在高速公路上发生故障或交通事故后，驾驶人不按规定使用危险报警闪光灯的	违反《法》第68条第1款、《高速条例》第17条第1款、18条、36条，据《法》第90条、《高速条例》42条第5项处罚	记3分	罚200元	
26. 高速公路正常情况下低于规定最低时速行驶 在高速公路上正常的情况下，以低于规定最低时速行驶的	违反《条例》第78条第1款、第3款，《高速条例》第12条第1款、14条，据《法》第90条、《高速条例》42条第3项处罚	记3分	罚200元	

27. 在高速公路上不按规定超车 在高速公路上不按规定超车的	违反《条例》第 82 条第 2 项、《高速条例》第 21 条第 4 项，据《法》第 90 条、《高速条例》第 42 条第 12 项处罚	记 3 分	罚 200 元	
28. 高速公路不按规定车道行驶 驾驶机动车在高速公路上不按规定车道行驶的	违反《条例》第 44 条第 1 款，据《法》第 90 条处罚	记 3 分	罚 100 元	

4. 记 6 分的违法行为

违法行为简称 违法行为	违法条款和处罚依据	记分分值	罚款金额（元）	行政处罚以及其他措施

注：《中华人民共和国道路交通安全法》简称《法》；《中华人民共和国道路交通安全法实施条例》简称《条例》；《道路交通事故处理程序规定》简称《104 号令》；《机动车驾驶证申领和使用规定》简称《123 号令》；《机动车登记规定》简称《124 号令》。

1. 驾证暂扣期驾车 在驾驶证暂扣期间仍驾驶机动车的	违反《条例》第 28 条，据《法》第 99 条第 1 款第 1 项、第 2 款处罚	记 6 分	200~2000	可以并处拘留 15 日以下
2. 在城市快速路遇拥堵时占用应急车道行驶 机动车在城市快速路上遇交通拥堵，占用应急车道行驶的	违反《条例》第 82 条第 4 项，据《法》第 90 条处罚	记 6 分	罚 200 元	
3. 不避让校车的 机动车驾驶人不按照规定避让校车的	违反《校车条例》第 33 条，据《校车条例》第 52 条处罚	记 6 分	罚 200 元	

4.违反信号灯规定 驾驶机动车违反道路交通信号灯通行的	违反《法》第38条、《条例》第38、40、41、42、43条，据《法》第90条处罚	记6分	罚200元	
5.以隐瞒、欺骗手段补领机动车驾驶证 采用隐瞒、欺骗手段补领机动车驾驶证的	违反《123号令》第54条第4款，据《123号令》第80条第1款第1项、第2款处罚	记6分	罚200元	收回补领的机动车驾驶证
6.在高速公路遇交通拥堵时占用应急车道行驶 机动车在高速公路遇交通拥堵，占用应急车道行驶的	违反《条例》第82条第4项，据《法》第90条、《高速条例》第42条第13项处罚	记6分	罚200元	
7.低能见度条件下在高速公路上不按规定行驶 低能见度气象条件下，驾驶机动车在高速公路上不按规定行驶的	违反《条例》第81条第1款，据《法》第90条、《高速条例》第42条第10项处罚	记6分	罚200元	
8.营运客车以外的机动车在高速公路行车道内停车 驾驶营运客车以外的机动车在高速公路行车道上停车的	违反《条例》第82条第1项，据《法》第90条《高速条例》第42条第15项处罚	记6分	罚200元	
9.营运客车以外的机动车非紧急情况在应急车道停车 驾驶营运客车以外的机动车，非紧急情况下在高速公路应急车道上停车的	违反《条例》第82条第4项，据《法》第90条、《高速条例》第42条第14项处罚	记6分	罚200元	

5. 记 12 分的违法行为

违法行为简称 / 违法行为	违法条款和处罚依据	记分分值	罚款金额（元）	行政处罚以及其他措施

注：《中华人民共和国道路交通安全法》简称《法》；《中华人民共和国道路交通安全法实施条例》简称《条例》；《道路交通事故处理程序规定》简称《104 号令》；《机动车驾驶证申领和使用规定》简称《123 号令》；《机动车登记规定》简称《124 号令》。

违法行为	违法条款和处罚依据	记分分值	罚款金额	行政处罚以及其他措施
1. 酒后驾车 仅仅饮酒后驾驶机动车的	违反《法》第 22 条第 2 款，据《法》第 91 条第 1 款第 1 项处罚	记 12 分	罚 1000 元	暂扣 6 个月
2. 逃逸未构罪 造成交通事故后逃逸，尚不构成犯罪的	违反《法》第 70 条第 1 款，据《法》第 99 条第 1 款第 3 项、第 2 款处罚	记 12 分	罚 2000 元	可以并处拘留 15 日以下
3. 驾与准驾车型不符车 驾驶与驾驶证载明的准驾车型不相符合的车辆的	违反《法》第 19 条第 4 款，据《法》第 99 条第 1 款第 1 项处罚	记 12 分	罚 200~2000 元	
4. 未悬挂号牌 上道路行驶的机动车未悬挂机动车号牌的	违反《法》第 11 条第 1 款，据《法》第 95 条第 1 款、第 90 条处罚	记 12 分	罚 200 元	扣车
5. 故意遮挡号牌 故意遮挡机动车号牌的	违反《法》第 11 条第 2 款，据《法》第 95 条第 2 款、第 90 条处罚	记 12 分	罚 200 元	
6. 故意污损号牌 故意污损机动车号牌的	违反《法》第 11 条第 2 款，据《法》第 95 条第 2 款、第 90 条处罚	记 12 分	罚 200 元	

7. 未按规定安装号牌 不按规定安装机动车号牌的	违反《法》第11条第2款，据《法》第95条第2款、90条处罚	记 12 分	罚 200 元	
8. 使用伪造、变造的号牌 使用伪造、变造的机动车号牌的	违反《法》第16条第3项，据《法》第96条第1款处罚	记 12 分	罚 2000~5000 元	处 15 日以下拘留，收缴号牌，扣车
9. 使用伪造、变造的行驶证 使用伪造、变造的机动车行驶证的	违反《法》第16条第3项，据《法》第96条第1款处罚	记 12 分	罚 2000~5000 元	处 15 日以下拘留，收缴行驶证，扣车
10. 使用伪造、变造的驾驶证 使用伪造、变造的机动车驾驶证的	违反《法》第96条第1款，据《法》第96条第1款处罚	记 12 分	罚 2000~5000 元	处 15 日以下拘留，收缴驾驶证，扣车
11. 使用其他车辆号牌 使用其他车辆的机动车号牌的	违反《法》第16条第4项，据《法》第96条第3款处罚	记 12 分	罚 2000 元	收缴号牌，扣车
12. 使用其他车辆行驶证 使用其他车辆的机动车行驶证的	违反《法》第16条第4项，据《法》第96条第3款处罚	记 12 分	罚 2000 元	收缴行驶证，扣车
13. 高速公路上倒车 在高速公路上倒车的	违反《条例》第82条第1项、《高速条例》第21条第1项，据《法》第90条、《高速条例》第42条第11项处罚	记 12 分	罚 200 元	
14. 高速公路上逆行 在高速公路上逆行的	违反《条例》第82条第1项、《高速条例》第21条第1项，据《法》第90条、《高速条例》第42条第11项处罚	记 12 分	罚 200 元	

15. 高速公路上穿越中央分隔带调头	违反《条例》第82条第1项、《高速条例》第21条第1项,据《法》第90条、《高速条例》第42条第11项处罚	记 12 分	罚 200 元	
在高速公路上穿越中央分隔带调头的				
16. 营运客车在高速公路车道内停车	违反《条例》第82条第1项,据《法》第90条、《高速条例》第42条第15项处罚	记 12 分	罚 200 元	
驾驶营运客车在高速公路行车道上停车的				

6. 不记分的严重违法行为

违法行为简称	违法条款和处罚依据	记分分值	罚款金额（元）	行政处罚以及其他措施
违法行为				

注：《中华人民共和国道路交通安全法》简称《法》；《中华人民共和国道路交通安全法实施条例》简称《条例》；《道路交通事故处理程序规定》简称《104 号令》；《机动车驾驶证申领和使用规定》简称《123 号令》；《机动车登记规定》简称《124 号令》。

1. 逃逸并构罪	违反 104 令 58 条,据《法》第 101 条第 2 款处罚	不记分		吊销驾驶证,终身禁驾
造成交通事故后逃逸,构成犯罪的				
2. 肇事并构罪	违反 104 令 58 条,据《法》第 101 条第 1 款处罚	不记分		吊销驾驶证,触犯刑法
违反道路交通安全法律、法规的规定,发生重大事故,构成犯罪的				
3. 再次酒后驾车	违反《法》第 22 条第 2 款,据《法》第 91 条第 1 款处罚		罚 1000 元	拘留 10 日以下,吊销驾驶证,扣驾驶证
因饮酒后驾驶机动车被处罚,再次饮酒后驾驶机动车的				

4. 欺骗、贿赂取得驾驶证 以欺骗、贿赂手段取得驾驶证的	据《条例》第 103 条处罚		撤销许可、3 年内不得申请机动车驾驶许可
5. 伪造、变造登记证书 伪造、变造机动车登记证书的	违反《法》第 16 条第 3 项，据《法》第 96 条第 1 款处罚	罚 2000 元	处 15 日以下拘留，收缴登记证书，扣车
6. 伪造、变造号牌 伪造、变造机动车号牌的	违反《法》第 16 条第 3 项，据《法》第 96 条第 1 款处罚	罚 2000 元	处 15 日以下拘留，收缴号牌，扣车
7. 伪造行、变造行驶证 伪造、变造机动车行驶证的	违反《法》第 16 条第 3 项，据《法》第 96 条第 1 款处罚	罚 2000 元	处 15 日以下拘留，收缴行驶证，扣车
8. 伪造、变造检验合格标志 伪造、变造机动车检验合格标志的	违反《法》第 16 条第 3 项，据《法》第 96 条第 2 款处罚	罚 2000 元	处 10 日以下拘留，收缴检验合格标志，扣车
9. 伪造、变造保险标志 伪造、变造机动车保险标志的	违反《法》第 16 条第 3 项，据《法》第 96 条第 2 款处罚	罚 2000 元	处 10 日以下拘留，收缴保险标志，扣车
10. 伪造、变造驾驶证 伪造、变造机动车驾驶证的	据《法》第 96 条第 1 款处罚	罚 2000 元	处 15 日以下拘留，收缴驾驶证，扣车
11. 使用伪造、变造的登记证书 使用伪造、变造的机动车登记证书的	违反《法》第 16 条第 3 项，据《法》第 96 条第 1 款处罚	罚 2000 元	处 15 日以下拘留，收缴登记证书，扣车

12. 使用伪造、变造的检验合格标志	违反《法》第 16 条第 3 项，据《法》第 96 条第 2 款处罚		罚 2000 元	处 10 日以下拘留，收缴检验合格标志，扣车
使用伪造、变造的机动车检验合格标志的				
13. 使用伪造、变造的保险标志	违反《法》第 16 条第 3 项，据《法》第 96 条第 2 款处罚		罚 2000 元	处 10 日以下拘留，收缴保险标志，扣车
使用伪造、变造的机动车保险标志的				
14. 吊销期驾车	违反《法》第 19 条第 1 款，据《法》第 99 条第 1 款第 1 项、第 2 款处罚	不记分	罚 200~2000 元	可以并处拘留 15 日以下
驾驶证被吊销期间驾驶机动车的				
15. 无照驾驶	违反《法》第 19 条第 1 款，据《法》第 99 条第 1 款第 1 项、第 2 款处罚	不记分	罚 200~2000 元	可以并处拘留 15 日以下
未取得驾驶证就驾驶机动车的				
16. 违反交规不听劝阻强行通行	违反《法》第 99 条第 1 款，据第 6 项、第 2 款处罚	不记分	罚 1000 元	可以并处拘留 15 日以下
机动车违反交通管制规定强行通行，不听劝阻的				
17. 酒后发生重大事故构罪的	违反《法》第 22 条第 2 款，据《法》第 91 条第 5 款处罚	不记分		扣驾驶证，吊销驾驶证，终身禁驾
饮酒或醉酒后驾驶机动车发生重大交通事故，构成犯罪的				
18. 醉酒驾车	违反《法》第 22 条第 2 款，据《法》第 91 条第 2 款处罚			扣驾驶证吊销驾驶证。5 年内不得重新取得机动车驾驶证
醉酒后驾驶机动车的				
19. 驾驶拼装车	违反《法》第 8 条，据《法》第 100 条第 2 款处罚	不记分	罚 500~2000 元	吊销驾照，车辆收缴、强制报废，扣驾驶证
驾驶拼装的机动车上道路行驶的				

20. 驾驶报废车 驾驶已达报废标准的机动车上道路行驶	违反《法》第 14 条第 3 款，据《法》第 100 条第 2 款处罚	不记分	罚 500~2000 元	吊销驾照，车辆收缴、强制报废，扣驾照
21. 将车交未获驾证的人驾驶 把机动车交给未取得机动车驾驶证的人驾驶的	违反《法》第 22 条第 3 款，据《法》第 99 条第 1 款第 2 项、第 2 款处罚	不记分	罚 300~2000 元	可以并处吊销驾驶证
22. 将车交被吊销驾证的人驾驶 把机动车交给机动车驾驶证被吊销的人驾驶的	违反《法》第 22 条第 3 款，据《法》第 99 条第 1 款第 2 项、第 2 款处罚	不记分	罚 300~2000 元	可以并处吊销驾驶证
23. 将车交被暂扣驾证的人驾驶 把机动车交给机动车驾驶证被暂扣的人驾驶的	违反《法》第 22 条第 3 款，据《法》第 99 条第 1 款第 2 项、第 2 款处罚	不记分	罚 300~2000 元	可以并处吊销驾驶证
24. 非法获得证牌标识的 以欺骗、贿赂等不正当手段办理补、换领机动车登记证书、号牌、行驶证和检验合格标志等业务的	违反《124 号令》第 43 条、第 44 条、第 49 条，据《124 号令》第 58 条第 2 款处罚	不记分	罚 200 元	收缴机动车登记证书、号牌、行驶证
25. 身体条件不适合驾驶机动车仍驾驶机动车的 机动车驾驶人身体条件发生变化不适合驾驶机动车，仍驾驶机动车的	违反《123 号令》第 52 条，据《123 号令》第 80 条第 1 款第 2 项处罚	不记分	罚 200 元	收回机动车驾驶证

26.补领机动车驾驶证后，继续使用原机动车驾驶证的	违反《123号令》第54条第3款，据《123号令》第79条第1款第1项、第2款处罚	不记分	罚200元	收回原机动车驾驶证
补领机动车驾驶证后继续使用原机动车驾驶证的				
27.满12分的	违反《条例》第23条、《123号令》第58条，据《条例》第23条、《123号令》第58条处罚			扣驾驶证
在一个记分周期内累积记分达到12分的				
28.一年内满12分拒不参加学习考试	据《条例》第25条处罚			停止使用驾驶证
12个月内累积记分达到12分拒不参加学习也不接受考试的				
29.服用管制精神药、麻醉药品	违反《法》第22条第2款，据《法》第90条处罚		罚200元	可以拖移机动车
服用国家管制的精神药品或麻醉药品仍继续驾驶的				
30.患有妨碍安全驾驶的疾病驾车	违反《法》第22条第2款，据《法》第90条处罚		罚200元	可以拖移机动车
患有妨碍安全驾驶机动车的疾病仍继续驾驶的				
31.疲劳驾驶	违反《法》第22条第2款、《条例》第45条第1款，据《法》第90条处罚		罚200元	可以拖移机动车
过度疲劳仍继续驾驶的				

违法行为	依据	记分	罚款	其他
32.违规停车驾驶人拒绝驶离	违反《法》第 56 条第 1 款、《条例》第 63 条、《条例》第 49 条第 1 款，据《法》第 93 条第 2 款、《条例》第 71 条处罚	不记分	罚 100 元	可以拖移机动车
机动车违反规定停放、临时停车且驾驶人不在现场或驾驶人虽在现场但拒绝立即驶离，妨碍其他车辆、行人通行的				
33.违规停车驾驶人不在场	违反《法》第 56 条第 1 款、《条例》第 63 条、《条例》第 49 条第 1 款，据《法》第 93 条第 2 款、《条例》第 71 条处罚	不记分	罚 100 元	可以拖移机动车
机动车违反规定停放、临时停车且驾驶人不在现场或驾驶人虽在现场但拒绝立即驶离，妨碍其他车辆、行人通行的				
34.安装警报器	违反《法》第 15 条第 1 款，据《法》第 97 条处罚	不记分	罚 2000 元	强制拆除、收缴
非法安装警报器				
35.安装标志灯具	违反《法》第 15 条第 1 款，据《法》第 97 条处罚	不记分	罚 2000 元	强制拆除、收缴
非法安装标志灯具				
36.车辆被扣留经公告 3 个月仍不接受处理	据《法》第 112 条第 3 款处罚			对扣留的车辆依法处理
车辆被扣留后，经公告 3 个月后仍不来接受处理的				
37.使用其他车辆登记证书	违反《法》第 16 条第 4 项，据《法》第 96 条第 3 款处罚		罚 2000 元	收缴，扣车
使用其他车辆的机动车登记证书的				
38.使用其他车辆检验合格标志	违反《法》第 16 条第 4 项，据《法》第 96 条第 3 款处罚		罚 2000 元	收缴，扣车
使用其他车辆的机动车检验合格标志的				

39. 使用其他车辆保险标志 使用其他车辆的机动车保险标志的	违反《法》第 16 条第 4 项，据《法》第 96 条第 3 款处罚		罚 2000 元	收缴，扣车
40. 驾证丢失期驾车 驾驶证丢失期间仍驾驶机动车的	违反《条例》第 28 条，据《法》第 90 条处罚	不记分	罚 100 元	扣车
41. 记满 12 分驾车 违法记分达到 12 分仍驾驶机动车的	违反《条例》第 28 条，据《法》第 90 条处罚	不记分	罚 200 元	扣证
42. 驾证被扣期驾车 驾驶证被依法扣留期间仍驾驶机动车的	违反《条例》第 28 条，据《法》第 90 条处罚	不记分	罚 200 元	扣车
43. 未保责任强制险 不按规定投保机动车第三者责任强制保险的	违反《法》第 17 条，据《法》第 98 条第 1 款处罚	不记分	2 倍保费	扣车

7. 不记分只罚款的违法行为

违法行为简称 违法行为	违法条款和处罚依据	记分分值	罚款金额（元）	行政处罚以及其他措施

注：《中华人民共和国道路交通安全法》简称《法》；《中华人民共和国道路交通安全法实施条例》简称《条例》；《道路交通事故处理程序规定》简称《104 号令》；《机动车驾驶证申领和使用规定》简称《123 号令》；《机动车登记规定》简称《124 号令》。

| 1. 驾证损毁期驾车

驾驶证损毁期间仍驾驶机动车的 | 违反《条例》第 28 条，据《法》第 90 条处罚 | 不记分 | 罚 100 元 | |
| 2. 驾证超过有效期

驾驶人在驾驶证超过有效期仍驾驶机动车的 | 违反《条例》第 28 条，据《法》第 90 条处罚 | 不记分 | 罚 100 元 | |

3.未在机动车道内行驶 机动车不在机动车道内行驶的	违反《法》第36条，据《法》第90条处罚	不记分	罚100元	
4.违法使用专用道 机动车违反规定使用专用车道的	违反《法》第37条、《条例》第51条第1款，据《法》第90条、《条例》第71条处罚	不记分	罚100元	
5.不服从交警指挥 机动车驾驶人不服从交警指挥的	违反《法》第38条，据《法》第90条处罚	不记分	罚200元	
6.遇缓行未交替通行 遇前方机动车停车排队等候或者缓慢行驶时，未依次交替驶入车道减少后的路口、路段的	违反《法》第45条第2款、《条例》第53条第3款，据《法》第90条处罚	不记分	罚100元	
7.遇排队未交替通行 遇前方机动车停车排队等候或者缓慢行驶时，未依次交替驶入车道减少后的路口、路段的	违反《法》第45条第2款、《条例》第53条第3款，据《法》第90条处罚	不记分	罚100元	
8.无交通信号路口遇排队未交替通行 在没有交通信号灯、交通标志、交通标线或者交警指挥的交叉路口遇到停车排队等候或者缓慢行驶时，机动车未依次交替通行的	违反《法》第45条第2款，和《法》第45条第2款，据《法》第90条处罚	不记分	罚100元	

9. 无交通信号路口遇缓行未交替通行				
在没有交通信号灯、交通标志、交通标线或者交警指挥的交叉路口遇到停车排队等候或者缓慢行驶时，机动车未依次交替通行的	违反《法》第45条第2款和《法》第45条第2款，据《法》第90条处罚	不记分	罚100元	
10. 遇停车排队，在人行横道、网状线内停车				
遇前方机动车停车排队等候或者缓慢行驶时，在人行横道、网状线区域内停车等候的	违反《条例》第53条第2款，据《法》第90条处罚	不记分	罚100元	
11. 遇缓慢行驶，在人行横道、网状线内停车				
遇前方机动车停车排队等候或者缓慢行驶时，在人行横道、网状线区域内停车等候的	违反《条例》第53条第2款，据《法》第90条处罚	不记分	罚100元	
12. 行经铁路道口违法通行				
行经铁路道口，不按规定通行的	违反《法》第46条，据《法》第90条处罚	不记分	罚50元	
13. 故障车未移至不妨碍交通地				
未将故障车辆移到不妨碍交通的地方停放的	违反《法》第52条，据《法》第90条处罚	不记分	罚200元	
14. 不避让道路作业车				
不避让正在作业的道路养护车、工程作业车的	违反《法》第54条第1款，据《法》第90条处罚	不记分	罚50元	

15. 喷涂、粘贴标识和广告	违反《条例》第13条第3款,据《法》第90条、《124号令》第56条第2项处罚	不记分	罚100元	
机动车喷涂、粘贴标识或者车身广告影响安全驾驶的				
16. 变道影响正常行驶车辆	违反《法》第90条,据《条例》第44条第2款处罚	不记分	罚100元	
变更车道时影响正常行驶的机动车的				
17. 违反禁止调头标志	违反《条例》第49条第1款,据《法》第90条处罚	不记分	罚100元	
在禁止调头或者禁止左转弯标志、标线的地点调头的				
18. 禁止左转弯标志调头	违反《条例》第49条第1款,据《法》第90条处罚	不记分	罚100元	
在禁止调头或者禁止左转弯标志、标线的地点调头的				
19. 违反禁止调头标线	违反《条例》第49条第1款,据《法》第90条处罚	不记分	罚100元	
在禁止调头或者禁止左转弯标志、标线的地点调头的				
20. 禁止左转弯标线调头	违反《条例》第49条第1款,据《法》第90条处罚	不记分	罚100元	
在禁止调头或者禁止左转弯标志、标线的地点调头的				
21. 容易发生危险的路段调头	违反《条例》第49条第1款,据《法》第90条处罚	不记分	罚100元	
在铁路道口、桥梁、陡坡、隧道等容易发生危险的路段调头的				

22. 调头妨碍正常行驶的车和行人 调头时妨碍正常行驶的车辆和行人通行的	违反《条例》第49条第2款，据《法》第90条处罚	不记分	罚100元	
23. 未按规定鸣喇叭示意 机动车未按规定鸣喇叭示意的	违反《条例》第59条第2款，据《法》第90条处罚	不记分	罚20元	
24. 禁鸣区内鸣喇叭 在禁止鸣喇叭的区域或者路段鸣喇叭的	违反《条例》第62条第8项，据《法》第90条处罚	不记分	罚50元	
25. 车前后窗有妨碍视线物品 在机动车驾驶室的前后窗范围内悬挂、放置妨碍驾驶人视线的物品的	违反《条例》第62条第2项，据《法》第90条处罚	不记分	罚50元	
26. 未低速通过漫水路、桥 机动车行经漫水路或漫水桥时未低速通过的	违反《条例》第64条，据《法》第90条处罚	不记分	罚20元	
27. 不按指挥依次待渡 机动车行经渡口，不服从渡口管理人员指挥，不依次待渡的	违反《条例》第65条第2款，据《法》第90条处罚	不记分	罚50元	
28. 不低速上下渡船 上下渡船时，不低速慢行的	违反《条例》第65条第2款，据《法》第90条处罚	不记分	罚50元	
29. 在居民区内不低速行驶 机动车在单位院内、居民居住区内不低速行驶的	违反《条例》第67条，据《法》第90条处罚	不记分	罚50元	

30. 在单位院内不低速行驶	违反《条例》第67条，据《法》第90条处罚	不记分	罚50元	
机动车在单位院内、居民居住区内不低速行驶的				
31. 在居民区内不避让行人	违反《条例》第67条，据《法》第90条处罚	不记分	罚50元	
机动车在单位院内、居民居住区内不避让行人的				
32. 在单位院内不避让行人	违反《条例》第67条，据《法》第90条处罚	不记分	罚50元	
机动车在单位院内、居民居住区内不避让行人的				
33. 实习期所驾车无实习标志	违反《条例》第22条第2款，据《法》第90条处罚	不记分	罚50元	
实习期内未粘贴或悬挂实习标志的				
34. 安全设施不全	违反《法》第21条，据《法》第90条处罚	不记分	罚200元	
驾驶安全设施不全的机动车的				
35. 机件不符合技术标准	违反《法》第21条，据《法》第90条处罚	不记分	罚200元	
驾驶机件不符合技术标准的机动车的				
36. 不按规定倒车的	违反《条例》第50条，据《法》第90条处罚	不记分	罚100元	
在铁道路口、交叉路口、单行路、桥梁、急弯、陡坡、隧道等地点倒车的				
37. 车门、车厢未关好	违反《条例》第62条第1项，据《法》第90条处罚	不记分	罚50元	
在车门、车厢没有关好时行车的				

38. 在混行道未居中行驶			
机动车在没有划分机动车道、非机动车道和人行道的道路上，不在道路中间通行的	违反《法》第 36 条，据《法》第 90 条处罚	不记分	罚 100 元
39. 下陡坡空挡滑行			
驾驶机动车下陡坡时熄火、空挡滑行的	违反《条例》第 62 条第 4 项，据《法》第 90 条处罚	不记分	罚 100 元
40. 下陡坡熄火滑行			
驾驶机动车下陡坡时熄火、空挡滑行的	违反《条例》第 62 条第 4 项，据《法》第 90 条处罚	不记分	罚 100 元
41. 使用他人驾驶证			
使用他人机动车驾驶证驾驶机动车的	违反《法》第 19 条，据《法》第 90 条处罚	不记分	罚 200 元
42. 改变车身颜色未变更登记			
改变车身颜色、更换发动机、车身或者车架，未按规定时限办理变更登记的	违反《条例》第 6 条 第 1 款，《124 号令》第 10 条第 1 款、第 3 款，据《124 号令》第 56 条第 5 项处罚	不记分	罚 200 元
43. 更换发动机未变更登记			
改变车身颜色、更换发动机、车身或者车架，未按规定时限办理变更登记的	违反《条例》第 6 条 第 1 款，《124 号令》第 10 条第 1 款、第 3 款，据《124 号令》第 56 条第 5 项处罚	不记分	罚 200 元
44. 改变车身未变更登记			
改变车身颜色、更换发动机、车身或者车架，未按规定时限办理变更登记的	违反《条例》第 6 条 第 1 款，《124 号令》第 10 条第 1 款、第 3 款，据《124 号令》第 56 条第 5 项处罚	不记分	罚 200 元

45.改变车架未变更登记	违反《条例》第6条 第 1 款,《124号令》第10条第1款、第3款,据《124号令》第56条第5项处罚	不记分	罚 200 元	
改变车身颜色、更换发动机、车身或者车架,未按规定时限办理变更登记的				
46.未按规定办理转移登记	违反《条例》第7条第1款、《124号令》第18条第1款,据《124号令》 第56条第6项处罚	不记分	罚 200 元	
机动车所有权转移后,现机动车所有人未按规定时限办理转移登记的				
47.未按规定申请转入	违反《124号令》第 13 条第 1 款,据《124号令》第 56条第7项处罚	不记分	罚 200 元	
机动车所有人办理变更登记、转移登记,机动车档案转出登记地车辆管理所后,未按照规定时限到住所地车辆管理所申请机动车转入的				
48.改变车外形和已登记的数据	违反《法》第16条第 1 项, 据《124号令》第57条处罚	不记分	罚 500 元	
擅自改变机动车外形和已登记的有关技术数据的,例如换了颜色,外部加装了东西,更换发动机等				
49.违反警告标志	违反《法》38 条,据《法》第90条处罚	不记分	罚 100 元	
机动车违反警告标志指示的				
50.违反警告标线	违反《法》38 条,据《法》第90条处罚	不记分	罚 100 元	
机动车违反警告标线指示的				

51. 违规载货 公路客运车辆以外的载客汽车违反规定载货的	违反《法》第49条、《条例》第54条第2款，据《法》第90条处罚	不记分	罚200元
52. 驾车看电视 驾驶时观看电视的	违反《条例》第62条第3项，据《法》第90条处罚	不记分	罚50元
53. 未保持安全车距 在同车道中行驶，不按规定与前车保持必要的安全距离的	违反《法》第43条、《办法》第45条第2款，据《法》第90条处罚	不记分	罚50元
54. 实习期驾公交车 实习期内驾驶公共汽车的	违反《条例》第22条第3款，据《法》第90条处罚	不记分	罚200元
55. 实习期驾营运客车 实习期内驾驶营运客车的	违反《条例》第22条第3款，据《法》第90条处罚	不记分	罚200元
56. 实习期驾驶特种车 实习期内驾驶执行任务的特种车辆的	违反《条例》第22条第3款，据《法》第90条处罚	不记分	罚200元
57. 实习期驾载有危险物品车 实习期内驾驶载有危险物品的机动车的	违反《条例》第22条第3款，据《法》第90条处罚	不记分	罚200元
58. 被牵引车载人 牵引故障机动车时，被牵引的机动车除驾驶人外载人的	违反《条例》第61条第1项，据《法》第90条处罚	不记分	罚100元
59. 被牵引车宽度大于牵引车 牵引故障机动车时，被牵引的机动车宽度大于牵引的机动车的	违反《条例》第61条第2项，据《法》第90条处罚	不记分	罚100元

60. 软连接牵引车与被牵引车之间未保持安全距离	违反《条例》第61条第3项，据《法》第90条处罚	不记分	罚100元
使用软连接装置牵引故障机动车时，牵引车与被牵引车之间未保持安全距离的			
61. 未用硬连接牵引制动失效车	违反《条例》第61条第4项，据《法》第90条处罚	不记分	罚100元
牵引制动失效的被牵引车，未使用硬连接牵引装置的			
62. 未用专用清障车拖曳转向、照明、信号失效车	违反《条例》第61条第3款，据《法》第90条处罚	不记分	罚100元
未使用专用清障车拖曳转向或照明、信号装置失效的机动车的			
63. 不系安全带	违反《法》第51条，据《法》第90条处罚	不记分	罚50元
在高速公路或城市快速路以外的道路上行驶时，驾驶人未按规定使用安全带的			
64. 遗洒、飘散载运物	违反《法》第48条第1款，据《法》第90条处罚	不记分	罚100元
机动车载物行驶时遗洒、飘散载运物的			
65. 对应当自行撤离现场而未撤离的	违反《法》第70条第3款、《104号令》第13条第1款，据《法》第90条、《104号令》第13条3款处罚	不记分	罚200元
发生交通事故后，应当自行撤离现场而未撤离，造成交通堵塞的			

66. 在高速公路、快速路以外的道路不按规定车道行驶	违反《条例》第44条第1款，据《法》第90条处罚	不记分	罚100元	
驾驶机动车在高速公路、城市快速路以外的道路上不按规定车道行驶的				
67. 实习期驾特殊车辆的	违反《123号令》第65条第1款，据《123号令》第79条第1款第2项处罚	不记分	罚20元	
机动车驾驶人在实习期内驾驶公共汽车、营运客车或者执行任务的警车、消防车、救护车、工程救险车以及载有爆炸物品、易燃易爆化学物品、剧毒或者放射性等危险物品的机动车的				
68. 实习期驾牵引挂车	违反《123号令》第65条第1款，据《123号令》第79条第1款第2项处罚	不记分	罚20元	
机动车驾驶人在实习期内驾驶牵引挂车的				
69. 实习期上高速公路无陪驾的	违反《123号令》第65条第2款，据《123号令》第79条第1款第2项处罚	不记分	罚200元	
机动车驾驶人在实习期内驾驶机动车上高速公路行驶，无相应或者更高准驾车型驾驶证3年以上的驾驶人陪同的				
70. 未粘贴、悬挂实习标志的	违反《123号令》第64条第3款，据《123号令》第79条第1款第3项处罚	不记分	罚200元	
驾驶机动车未按规定粘贴、悬挂实习标志的				

71. 逾期未审验驾车的	违反《123号令》第60条，据《123号令》第80条第1款第3项处罚	不记分	罚200元	
逾期不参加审验仍驾驶机动车的				
72. 不系安全带	违反《法》第51条，据《法》第89条处罚	不记分	罚20元	
机动车行驶时，乘坐人员未按规定使用安全带的				
73. 机动车道上从车左侧上下	违反《条例》第77条第2项，据《法》第89条处罚	不记分	罚20元	
在机动车道上从机动车左侧上下车的				
74. 开关车门妨碍其他车辆和行人	违反《条例》第77条第3项，据《法》第89条处罚	不记分	罚20元	
开关车门时，妨碍其他车辆和行人通行的				
75. 高速公路上故障或事故车辆驾乘人员未迅速转至安全区	违反《法》第68条第1款、《高速条例》第36条，据《法》89条处罚	不记分	罚50元	
在高速公路上车辆发生故障或事故后，车上人员未迅速转移到右侧路肩上或者应急车道内的				
76. 从匝道进入高速公路未按规定使用灯光	违反《条例》第79条、《高速条例》第13条，据《法》第90条处罚	不记分	罚100元	
机动车从匝道进入高速公路时不按规定使用灯光的				
77. 从匝道驶离高速公路未按规定使用灯光	违反《条例》第79条、《高速条例》第13条，据《法》第90条处罚	不记分	罚100元	
机动车从匝道驶离高速公路时不按规定使用灯光的				

78. 从匝道进入高速公路妨碍已在路内正常行驶车辆	违反《条例》第 79 条第 1 款、《高速条例》第 13 条第 1 款，据《法》第 90 条、《高速条例》第 42 条第 4 项处罚	不记分	罚 200 元	
机动车从匝道进入高速公路时，妨碍已在高速公路内的机动车正常行驶的				
79. 在高速公路路肩上行驶	违反《条例》第 82 条第 3 项，据《法》第 90 条、《高速条例》第 42 条第 13 项处罚	不记分	罚 200 元	
在高速公路的路肩上行驶的				
80. 非紧急情况下在高速公路应急车道上行驶	违反《条例》第 82 条第 4 项，据《法》第 90 条、《高速条例》第 42 条第 13 项处罚	不记分	罚 200 元	
非紧急情况下在高速公路的应急车道内行驶的				
81. 高速公路上未减速通过施工作业路段	违反《条例》第 84 条，据《法》第 90 条处罚	不记分	罚 200 元	
机动车在高速公路上通过施工作业路段，不减速行驶的				
82. 高速公路上骑、轧车行道分界线	违反《条例》第 82 条第 3 项、《高速条例》第 21 条第 3 项，据《法》第 90 条、《高速条例》第 42 条第 13 项处罚	不记分	罚 200 元	
在高速公路上骑、轧车行道分界线的				
83. 高速公路上试车或学习驾驶	违反《条例》第 82 条第 5 项、《高速条例》第 21 条第 2 项，据《法》第 90 条、《高速条例》第 42 条第 16 项处罚	不记分	罚 200 元	
在高速公路上试车或学习驾驶机动车的				

84. 在高速公路上违反规定拖曳故障车、肇事车	违反《法》第68条第2款、《高速条例》第38条第1款,据《法》第90条、《高速条例》第42条第2项处罚	不记分	罚200元
在高速公路上违规拖曳故障车或肇事车的			
85. 改变车型号、发动机号、车架号和车辆识别代号	违反《法》第16条第2项,据《法》第90条处罚		罚200元
改变机动车型号、发动机号、车架号或者车辆识别代号的			

参考文献

[1] 陈新亚 . 汽车驾驶终极问答 [M]. 北京：机械工业出版社，2013.

[2] 李娜 . 汽车驾驶 350 招 [M]. 合肥：安徽科学技术出版社，2014.

[3] 窦立勇，裴保纯 . 安全驾驶一点通 [M]. 北京：化学工业出版社，2014.

[4] 吴文琳，林瑞玉 . 汽车安全驾驶全攻略 [M]. 北京：电子工业出版社，2015.

[5] 刘军 . 车主安全行车手册 [M]. 北京：化学工业出版社，2014.